TERCEIRA EDIÇÃO 2023

BRUNELLO STANCIOLI

RENÚNCIA AO EXERCÍCIO DE DIREITOS DA PERSONALIDADE

OU COMO ALGUÉM SE TORNA O QUE QUISER

Dados Internacionais de Catalogação na Publicação (CIP) de acordo com ISBD

S784r   Stancioli, Brunello

      Renúncia ao exercício de direitos da personalidade: ou como alguém se torna o que quiser / Brunello Stancioli. - 3. ed. - Indaiatuba, SP : Editora Foco, 2023.

      152 p. : 16cm x 23cm.

      Inclui bibliografia e índice.

      ISBN: 978-65-5515-847-2

      1. Direito. 2. Personalidade (Direito). 3. Renúncia (Direito). I. Título.

2023-1832   CDD 340   CDU 34

Elaborado por Odilio Hilario Moreira Junior - CRB-8/9949

Índices para Catálogo Sistemático:

1. Direito 340

2. Direito 34

TERCEIRA EDIÇÃO **20 23**

BRUNELLO **STANCIOLI**

RENÚNCIA AO EXERCÍCIO DE DIREITOS DA PERSONALIDADE

OU COMO ALGUÉM SE TORNA O QUE QUISER

2023 © Editora Foco

Autor: Brunello Stancioli
Diretor Acadêmico: Leonardo Pereira
Editor: Roberta Densa
Assistente Editorial: Paula Morishita
Revisora Sênior: Georgia Renata Dias
Capa Criação: Leonardo Hermano
Diagramação: Ladislau Lima e Aparecida Lima
Impressão miolo e capa: FORMA CERTA GRÁFICA DIGITAL

DIREITOS AUTORAIS: É proibida a reprodução parcial ou total desta publicação, por qualquer forma ou meio, sem a prévia autorização da Editora FOCO, com exceção do teor das questões de concursos públicos que, por serem atos oficiais, não são protegidas como Direitos Autorais, na forma do Artigo 8º, IV, da Lei 9.610/1998. Referida vedação se estende às características gráficas da obra e sua editoração. A punição para a violação dos Direitos Autorais é crime previsto no Artigo 184 do Código Penal e as sanções civis às violações dos Direitos Autorais estão previstas nos Artigos 101 a 110 da Lei 9.610/1998. Os comentários das questões são de responsabilidade dos autores.

NOTAS DA EDITORA:

Atualizações e erratas: A presente obra é vendida como está, atualizada até a data do seu fechamento, informação que consta na página II do livro. Havendo a publicação de legislação de suma relevância, a editora, de forma discricionária, se empenhará em disponibilizar atualização futura.

Erratas: A Editora se compromete a disponibilizar no site www.editorafoco.com.br, na seção Atualizações, eventuais erratas por razões de erros técnicos ou de conteúdo. Solicitamos, outrossim, que o leitor faça a gentileza de colaborar com a perfeição da obra, comunicando eventual erro encontrado por meio de mensagem para contato@editorafoco.com.br. O acesso será disponibilizado durante a vigência da edição da obra.

Impresso no Brasil (07.2023) – Data de Fechamento (07.2023)

2023
Todos os direitos reservados à
Editora Foco Jurídico Ltda.
Rua Antonio Brunetti, 593 – Jd. Morada do Sol
CEP 13348-533 – Indaiatuba – SP

E-mail: contato@editorafoco.com.br
www.editorafoco.com.br

Dedico esse trabalho a todos aqueles que têm o
espírito livre.

"O esforço cada vez mais difícil, a esperança cada vez mais tarda, a dissemelhança entre o que sou e o que supus que poderia ser cada vez mais acentuada na noite de minha futilidade severa"[1].

---

1. PESSOA, Fernando. *A Educação do Estoico*. São Paulo: A Girafa, 2006, p. 45.

APRESENTAÇÃO

É com muita felicidade que recebo o convite para apresentar a obra Renúncia ao exercício de direitos da personalidade ou Como alguém se torna o que quiser, da lavra do meu caro colega Professor Brunello Stancioli, redigida a partir dos estudos de Doutorado em Direito Civil, realizados junto ao Programa de Pós-graduação em Direito da Faculdade de Direito da UFMG, sob orientação do Professor João Baptista Villela.

Não estamos diante de mais uma obra de dogmática jurídica privatística sobre os conceitos de pessoa, personalidade, pessoalidade e direitos da personalidade, construída, de forma acrítica, seja com base num exegetismo positivista típico do século XIX, seja num jusnaturalismo retrógrado, de matriz teologizante. E se, com certeza, o presente texto assume uma perspectiva pós-positivista e pós-jusnaturalista, ele não se deixa também seduzir pela axiologia jurídica hodierna que, seja mesmo sobre o argumento de "neoconstitucional", pretende preestabelecer pautas rígidas do que seja vida boa, a orientar de forma nada pluralista e plural o exercício de direitos, como sói acontecer mesmo nas páginas de importantes nomes do Direito Privado contemporâneo.

Nada disso. Como procura defender ao logo de todo seu texto, a presente obra busca demonstrar paradoxalmente a possibilidade de renúncia ao exercício de direitos da personalidade como reafirmação, sobre novas bases, desses direitos.

Paradoxalmente sim!, no sentido de buscar empreender uma des/re-construção teórica que vai além da doxa, que quer fazer as velhas lógica e retórica tradicionais, jusnaturalistas e juspositivistas, sobre a personalidade, sobre a pessoalidade e sobre os direitos da personalidade, literalmente saltarem dos trilhos, ao questionar de forma radical o chamado senso comum teórico dos juristas – para usar a expressão consagrada de Warat.

Tal renúncia, como se verá ao longo da argumentação, não implica a perda de direitos da personalidade, mas a sua reafirmação, posto que é "componente indispensável para a constante perquirição da felicidade, da autorrealização, da vida boa". Vida boa compreendida não com condição ou status da pessoa, mas como processo de vivência – inconcreto – desses direitos, por meio de ações em que certos valores normatizados são ora afirmados, ora renunciados.

Daí, inclusive, a chave de compreensão adequada da segunda parte do título, ligada à concepção paradoxal de renúncia ao exercício de direitos da personalidade pela partícula "ou": como alguém se torna o que quiser, como alguém se torna alguém.

Interessante chamar atenção que tais concepções de personalidade, de pessoalidade e de direitos da personalidade são defendidas a partir da reconstrução de marcos teóricos que se apresentam como adequados à "conjuntura jurídica supranacional que se impõe hodiernamente". Para alguém, como é o meu caso, formado na tradição do constitucionalismo democrático, tal afirmação, acerca do caráter supranacional, desperta, no mínimo, uma enorme curiosidade e interesse. Sim, porque um dos maiores desafios do tempo presente é exatamente o de pensar a cidadania para além da nacionalidade, é reconhecer a dimensão cosmopolita dos direitos, aquilo que o Professor Giacomo Marramao chamou, justamente, de o caráter desterritorializante das declarações de direitos, na chamada modernidade-mundo.

Tais questões constituem, especialmente, o quadro ou pano de fundo do primeiro capítulo, Direitos fundamentais e direitos da personalidade, quando se busca diferenciar, todavia resguardando sua complementaridade, esses conceitos. E como afirma o Professor Brunello Stancioli em sua nota introdutória, "a partir dessas discussões, chegou-se à conclusão de que responder à pergunta 'O que é pessoa natural?' seria de importância extrema para o trabalho".

Afinal, o que é pessoa natural? Para sustentar a tese da renúncia ao exercício de direitos da personalidade como parte do processo vivencial de autorrealização da pessoa, buscou-se des/re-construir, no segundo capítulo, o conceito de pessoa desde as suas origens no cristianismo primitivo, considerando a importância e centralidade, nesse percurso, do diálogo com pensadores como Boécio e Tomás de Aquino. Entretanto, a obra também nos chama atenção, as noções de hipóstase e prósopon, anteriores mesmo à correspondente latina, persona, foram intensamente discutidas em fins da Antiguidade como chaves para a constituição das bases do cristianismo ocidental e da Igreja Católica.

O capítulo terceiro, Pessoa natural, Iluminismo e rupturas, segue o percurso do conceito de pessoa mostrando como já a partir do Renascimento e de autores como Pico Della Mirandola se inicia um processo de construção das ideias de autonomia e de autorrealização da pessoa. Em momento decisivo desse processo histórico – que me aventuraria a chamar de secularização, quem sabe até no sentido weberiano de desencantamento do mundo –, a presente obra não considera tanto como fio condutor central para as teses que defende a discussão que estabelece com autores como Leibniz, Locke ou mesmo Kant. Na verdade, ela nos surpreende ao retomar o pensamento daqueles assim chamados de iluministas radicais que, como Condorcet, Cabanis, La Mettrie e Holbach, teriam construído uma noção de corpo como máquina. Essa noção é assumida, pois, como "muito importante para a caracterização de pessoa construída neste trabalho, pois o estudo forneceu subsídios para a leitura contemporânea acerca do corpo humano e de sua importância científico-filosófica". Além disso, ela teria permitido, segundo a presente obra, "buscar o papel do cérebro e da mente em uma lógica pós-metafísica", além da noção atual de homem-máquina e das possibilidades de automanipulação do corpo.

No capítulo quarto, Construindo a pessoa: valores e direitos da personalidade, a história dos conceitos e das ideias possibilitou propor uma nova concepção de pessoa, em seus elementos constitutivos, corpo, valor e bem; e em suas dimensões incontornáveis, autonomia, alteridade e dignidade. E, nesses termos, para Brunello Stancioli, a dimensão valorativa da pessoa, que não prescinde de uma base empírico-sensitiva, apresenta-se como historicamente construída, culturalmente situada e, assim, devendo ser normatizada. Segundo o autor, os direitos da personalidade representam esses valores normatizados, valores esses que "significam o próprio existir-e-viver da pessoa e de sua pessoalidade". Aqui, não se pode deixar de considerar a importância do intenso diálogo de Brunello Stancioli com a obra de um grande filósofo contemporâneo como Charles Taylor para a construção das concepções de pessoa, de pessoalidade e de direitos da personalidade defendida na presente obra.

No capítulo quinto, A renúncia ao exercício de direitos da personalidade, Brunello Stancioli sustenta a tese segundo a qual a renúncia ao exercício de tais direitos é muito mais do que uma mera opção legislativa, pois "felicidade, vida boa, dignidade, eudaimonia, e outros tantos termos não são status da pessoa natural, tomada como ente estático. Pelo contrário, a pessoa foi tomada como um processo, um vir-a-ser que implica, necessariamente, ações: vivências, interações e, fundamentalmente, renúncia ao exercício de direitos da personalidade, como forma de se posicionar ante valores que, quando vividos, dão forma e sentido à existência humana".

Por fim, cabe destacar um trecho das conclusões do Professor Brunello, a sintetizar a concepção de pessoa defendida na presente obra, a da pessoa como um projeto eternamente inacabado: "Ser pessoa significa ser um fluxo de valores em eterna mudança, havendo, inclusive, transvalorações [...] Isso afeta toda sociedade de pessoas capazes de ação, pois a intersubjetividade pode (e deve) ampliar as fronteiras do que significa voltar-se ao Bem, e viver, efetivamente, segundo a própria noção de Bem, de vida boa, de felicidade, de realização. Os diversos valores constitutivos da pessoa e os diversos direitos da personalidade estão em constante expansão. No caminho que vai de Mirandola aos dias de hoje, pode-se perceber que as pessoas são os únicos seres que podem ser o que quiserem... A pessoa tem sido tomada como unidade estável. Porém, ela pode ser mesmo uma pluralidade, e multiplicar-se, em busca de uma vida que vale ser vivida, pois 'nós somos uma multiplicidade que se imaginou uma unidade'. A expansão, no limite, ocorre como uma quase transcendência, no momento em que a pessoa pode se superar, na medida em que há capacidade cognitiva ilimitada, e, como consequência, há possibilidades de superar os limites normativos impostos por uma cultura particular. Ser pessoa é ser local e global. Ter identidade. Ter direitos da personalidade. Poder renunciar. Mas nunca ser uma possibilidade que se esgotou."

Renúncia ao exercício de direitos da personalidade ou Como alguém se torna o que quiser, de Brunello Stancioli, ultrapassa a perspectiva meramente dogmática a que tradicionalmente os direitos da personalidade são tratados em razão da riqueza de questões que levanta, pela firmeza argumentativa, pela consciência histórico-hermenêutica de sua abordagem. Quer seja dialogando com autores clássicos, quer seja com modernos e contemporâneos, a presente obra abre mais uma vez perspectivas para uma renovação da teoria, filosoficamente orientada, dos direitos da personalidade.

E, a partir da renovação da teoria dos direitos da personalidade, Brunello Stancioli contribui para que se realize uma importante e fundamental mudança de perspectiva na teoria geral do direito privado, já que sua obra propõe repensar de forma polêmica e radical a pessoa e a pessoalidade a partir de direitos que expressam um processo vivencial de valores normatizados. Direitos da personalidade, construídos historicamente, que não são apenas vinculados a uma cultura específica ou fechada em si mesma, possuem um caráter desterritorializante: são valores glocais. Direitos que não são meros atributos de uma personalidade estática, naturalizada, portanto, mas que expressam exatamente o próprio caráter de projeto eternamente inacabado da pessoa.

Belo Horizonte, 19 de janeiro de 2010.

Marcelo Andrade Cattoni de Oliveira

PREFÁCIO

É uma grande alegria ter recebido o convite de escrever o prefácio para a 3ª edição do livro "Renúncia ao Exercício de Direitos da Personalidade – Ou como alguém se torna o que quiser", publicação resultante originalmente da tese de doutorado defendida pelo autor, o professor Brunello Souza Stancioli, que foi o meu orientador no mestrado e doutorado, e que é hoje colega, e um grande amigo.

Sinto-me também honrado de poder prefaciar um livro que foi fundamental à orientação dos meus próprios interesses acadêmicos e seminal ao estudo de uma temática que, ainda hoje, já passados mais de 12 anos da publicação da sua primeira edição, continua bastante maltratado pela literatura jurídica brasileira: a do conceito de pessoa, para além das explicações dogmáticas acerca dos contornos técnico-normativos da personalidade jurídica.

O trabalho surpreende, em sua estrutura, pois não adentra a questão como eixo central. O que move inicialmente a investigação é a busca de uma solução da tormentosa questão do fundamento da possibilidade de renúncia a direitos da personalidade pelo seu próprio titular, uma faculdade que é, a princípio, negada, pois tida como antitética à proteção conferida à pessoa pelo ordenamento jurídico. Contudo, atos de renúncia a direitos são frequentemente tidos como essenciais à afirmação da liberdade pessoal.

A busca por um conceito de pessoa, pós-metafísico, é iniciada como maneira de desatar este nó, e o resultado é verdadeiramente admirável, talvez por ser elucidativo do caráter paradoxal do sentido de ser pessoa: a renúncia a direitos da própria personalidade é forma de a pessoa viver, da maneira mais profunda, a pessoalidade. Os melhores trabalhos acadêmicos, em geral, não têm a pretensão de esgotar as questões a que abordam. Procuram aclarar o que há muito está obscurecido, apontar caminhos e vias de análise e mostram-se, sobretudo, como projetos inacabados.

Lembro-me de que, recém-ingresso no mestrado, quando da publicação da primeira edição deste livro, chamava-me atenção que o autor, em suas aulas no programa de pós-graduação em direito da UFMG, ao discutir temas invariavelmente conectados ao objeto perseguido na tese, buscava sempre apontar as ideias e temas discutidos neste livro como propostas provisórias a partir das quais poder-se-ia avançar na análise de questões prático-jurídicas prementes da contemporaneidade, tais quais o papel da corporeidade biomaquínica na constituição da pessoalidade, quais as bases informacionais da pessoalidade, em que medida humanidade e pessoalidade estariam mutuamente implicadas, como o conceito de pessoa adequa-se a alguma noção de identidade, dentre outras. As suas propostas, defendidas neste livro, sempre eram colocadas como apontamentos iniciais, a serem explorados e reformulados por outros pesquisadores em busca de respostas para as suas próprias indagações. Daí que a metáfora do "projeto inacabado", que o autor utiliza para definir a condição da pessoa humana, aplica--se também a este livro. Foi concebido como uma exploração inicial de um tema fascinante e rico, sem a pretensão de oferecer soluções definitivas às respostas que coloca, mas de fornecer pistas e fios de investigação a serem desvelados.

Hoje, mais de uma década depois da sua publicação original, embora parte das suas teses inovadoras já encontre melhor acolhida, o livro continua tendo o potencial de inspirar reflexões transgressoras e instigantes. Aos leitores e às leitoras, então, faço apenas uma breve advertência, nascida da minha própria experiência com a sua leitura: para extrair deste livro o melhor que ele pode oferecer, leia-o sempre tentando levar os seus argumentos às últimas consequências.

Governador Valadares, 03 de fevereiro de 2023.

Daniel Mendes Ribeiro

SUMÁRIO

APRESENTAÇÃO IX

PREFÁCIO XIII

CAPÍTULO I – DIREITOS FUNDAMENTAIS E DIREITOS DA PERSONALI-
DADE 1

1. O problema 1

2. A distinção entre direitos fundamentais e direitos da personalidade 1

    2.1   O critério formal 2

    2.2   O critério da pertinência da norma 3

    2.3   Pessoa e direitos da personalidade como marcos adequados para
           uma compreensão transnacional de direitos subjetivos 9

           2.3.1 Crise e superação do estado nacional 10

           2.3.2 A tensão supracultural *vs.* local da pessoa humana 13

CAPÍTULO II – AS ORIGENS DO CONCEITO DE PESSOA 17

1. Introdução 17

2. Arqueologia do conceito de pessoa 17

    2.1   A pessoa como máscara 18

    2.2   *Prósopon* e pessoa 20

3. As origens teológico-cristãs do conceito de pessoa 20

    3.1   A controvérsia ariana 23

    3.2   A heresia de Nestor 24

4. A obra de boécio 25

    4.1   A contribuição fundamental de Tomás de Aquino 26

5. Deus como bem supremo e único 27

6. A tensão entre *corpo humano* e *alma* na idade média 29

7. Balanço da época 32

CAPÍTULO III – PESSOA NATURAL, ILUMINISMO E RUPTURAS 33

1. Introdução.. 33

2. A mentalidade deísta dos séculos XV, XVI e XVII............................... 33

3. Iluminismo e autonomia... 39

4. O corpo como valor para a pessoa... 41

5. O direito natural e sua crítica 47

6. Excurso sobre a liberdade religiosa 52

CAPÍTULO IV – CONSTRUINDO A PESSOA: VALORES E DIREITOS DA PERSONALIDADE 55

1. Pessoa: entre a metafísica e o naturalismo.. 55

2. Revendo Boécio e Tomás: pessoa e suas dimensões incontornáveis............ 56

3. Corpo e pessoa humana... 57

4. Valores constitutivos da pessoa natural 60

CAPÍTULO V – A RENÚNCIA AO EXERCÍCIO DE DIREITOS DA PERSONA-LIDADE 65

1. Renúncia a direito da personalidade e renúncia ao *exercício* de direito da personalidade 65

2. A renúncia proibida... 67

3. A crítica de Villela... 68

4. Renúncia como *numerus clausus* 69

5. A renúncia comedida 71

CAPÍTULO VI – CONCLUSÃO: PESSOA E RENÚNCIA COMO EXPRESSÕES DA LIBERDADE 75

1. Pessoa e corpo hoje.. 80

2. Pessoa e valor... 83

3. Pessoa: um projeto (eternamente) inacabado 84

REFERÊNCIAS.. 87

POSFÁCIO – PESSOA E IDENTIDADE PESSOAL 95

Introdução.. 95

1. O conceito de pessoa como entidade individual de natureza racional........ 96

    1.1   O conceito de pessoa e o Cristianismo 96

1.2 A sobrevivência do conceito teológico-cristão de pessoa no Direito e sua inefetividade no plano ético-político	99
1.3 Pessoa e realidade no Direito Brasileiro	101
2. A identidade pessoal	105
2.1 Pessoalidade, unidade pessoal e personalidade como elementos constitutivos da identidade pessoal	105
2.2 Identidade e igualdade	107
2.3 As principais teorias acerca da identidade pessoal: De Locke ao século XX	110
2.3.1 Identidade pessoal segundo John Locke	110
2.3.2 Peter Strawson e Bernard Williams	116
2.3.3 Derek Parfit	122
3. Uma interlocução necessária	123
REFERÊNCIAS	125

Capítulo I
DIREITOS FUNDAMENTAIS
E DIREITOS DA PERSONALIDADE

1. O PROBLEMA

Para definir, com precisão, os recortes epistêmicos do objeto de estudo, urge a distinção entre as categorias *direitos da personalidade* e *direitos fundamentais*. O assunto está longe de encontrar análise detalhada na literatura jurídica. De fato, resta obscuro, ou mesmo visto como desimportante, para a maioria dos autores que tratam do tema.

A imposição de um mínimo de racionalidade na produção de argumentos jurídicos é imprescindível para se obter intersubjetividade discursiva, fazendo-se necessária a análise de todos conceitos a serem utilizados[1]. Dubiedade e ausência de rigor terminológico são extremamente comuns no estudo de direitos da personalidade. Não resta dúvida que se deve aderir ao forte consenso existente na filosofia contemporânea, o qual afirma que, para obtenção de acertos semânticos, aplicados à dogmática e à zetética jurídicas, há "a necessidade de clarificações sistemático-conceituais e, portanto, da atividade em dimensão analítica"[2]. É imperativo à produção científica hodierna que um mínimo de racionalidade esteja presente *na argumentação*. Para tanto, são indeclináveis as exigências de um vocabulário *claro* e *cientificamente aceitável*, além de estar presente a máxima *economia* no emprego de conceitos, ou seja, usar-se do *mínimo teoricamente suficiente* para a construção de argumentos[3].

2. A DISTINÇÃO ENTRE DIREITOS FUNDAMENTAIS E DIREITOS DA PERSONALIDADE

Inicialmente, e de forma um tanto quanto intuitiva, pode-se perceber que "muitos direitos fundamentais são direitos da personalidade, mas nem todos di-

---

1. ALEXY, Robert. *Teoría de los Derechos Fundamentales* [Theorie der Grundrechte]. Trad. Ernesto Garzón Valdés. Madrid: Centro de Estudios Constitucionales, 1986, p. 39.
2. ALEXY. *Teoría...*, *cit.*, p. 42.
3. STRAWSON, Peter F. *Análise e Metafísica: Uma Introdução à Filosofia* [Analysis and Metaphysics: An Introduction to Philosophy]. Trad. Armando Moura de Oliveira. São Paulo: Discurso Editorial, 2002, p. 66.

reitos fundamentais são direitos da personalidade"[4]. A afirmação, embora pareça simplista, pode apontar para uma primeira tentativa de distinção: entre *gênero* e *espécie*. Segundo essa lógica, os direitos da personalidade são espécie, cujo gênero são os direitos fundamentais. A identidade entre as duas categorias chega a ser afirmada por Canotilho, para quem "cada vez mais os direitos fundamentais tendem a ser direitos de personalidade e vice-versa"[5]. Contudo, pode-se apresentar um contraexemplo. O artigo 5º, LXX da Constituição da República de 1988 dispõe:

> O mandado de segurança coletivo pode ser impetrado por:
>
> a) partido político com representação no Congresso Nacional;
>
> b) organização sindical, entidade de classe ou associação legalmente constituída e em funcionamento há pelo menos um ano, em defesa dos interesses de seus membros ou associados.

Essa disposição normativa encontra-se sob a epígrafe dos direitos e garantias fundamentais. No entanto, seria um forçamento tê-la como direito da personalidade, por se dirigir a partidos políticos e organizações sindicais, e não a pessoas naturais[6].

Ascensão, por sua vez, diferencia os direitos fundamentais dos direitos da personalidade:

> [D]ireitos fundamentais e direitos da personalidade não são termos equivalentes [...]. Há muitos direitos fundamentais que não são direitos da personalidade [...] Inversamente, também haverá muitos direitos da personalidade que não são direitos fundamentais[7].

Mas, mesmo ao diferenciar ambas categorias, o autor admite uma certa superposição entre direitos da personalidade e direitos fundamentais. Necessita-se, assim, traçar linhas divisórias mínimas para efetuar a distinção.

2.1 O critério formal

O primeiro critério que pode ser apontado para a distinção entre direitos da personalidade e direitos fundamentais é o *formal* ou, talvez mais apropriadamente designado, *formalista*.

---

4. GOMES CANOTILHO, J. J. *Direito Constitucional e Teoria da Constituição*. 3. ed. Coimbra: Almedina, 1999, p. 372.
5. GOMES CANOTILHO. *Direito...*, *cit.*, p. 372.
6. O Código Civil Brasileiro de 2002 reconhece, no entanto, e ainda que por analogia, direitos da personalidade de pessoas jurídicas, em seu artigo 52. No entanto, vamos ao encontro da opinião de Villela que manifesta ser tal norma um descabido exagero antropomorfista, ao realizar tal equiparação entre pessoas jurídicas e pessoas naturais. (Cf. VILLELA, João Baptista. *Perchè non Parli?* Sobre a Possibilidade de Dano Moral às Pessoas Jurídicas. *Revista Doutrinária*, Rio de Janeiro, n. 7, jun. 2004, p. 97-118).
7. ASCENSÃO, José de Oliveira. Os Direitos da Personalidade no Código Civil Brasileiro. *Revista Forense*, Rio de Janeiro, v. 342, abr.-maio-jun., 1998, p. 125.

CAPÍTULO I • DIREITOS FUNDAMENTAIS E DIREITOS DA PERSONALIDADE

Segundo ele, são fundamentais aqueles direitos consignados sob a epígrafe "direitos fundamentais". Seriam, no ordenamento pátrio, os artigos 5° a 17 da Constituição da República de 1988, "independentemente do conteúdo e do estatuído por eles"[8]. Por outro lado, seriam direitos da personalidade, os pertinentes aos artigos 11 a 21 do Código Civil Brasileiro.

Tal critério, no entanto, é inadequado. Há inúmeras disposições satélites de direitos fundamentais e de direitos da personalidade alheias ao *locus* específico[9]. No direito brasileiro, há, por exemplo, todo o Título II da Lei 8069/1990 (Dos Direitos Fundamentais, artigos 7° a 69, Estatuto da Criança e do Adolescente). O mesmo pode ser dito dos artigos 6° e 7° da Lei 8078/1990 (Dos Direitos Básicos do Consumidor, no Código de Defesa do Consumidor).

Essas disposições satélites na verdade são, na maioria das vezes, direitos *adstritos* aos direitos fundamentais ou direitos da personalidade, conforme o caso. Compõem-se de desdobramentos lógicos ou materializações específicas de uma disposição mais genérica, embora, formalmente, estejam em documentos normativos diversos[10].

Além disso, não se pode mais afirmar ser o Código Civil o único documento legislativo propício a ter disposições acerca de direitos da personalidade. Assim:

> [O]s direitos de personalidade adquirem também imediata relevância constitucional, seja a título geral, seja a título especial. *Nenhuma Constituição*, direta ou indiretamente, *os pode omitir*[11].

Dessa forma, o *critério formalista não apresenta a menor consistência epistêmica.*

2.2 O critério da pertinência da norma

Outro critério que costuma ser assinalado para diferenciar direitos da personalidade de direitos fundamentais diz respeito à pertinência da norma.

Em uma primeira aproximação, os direitos fundamentais seriam comandos para o legislador, ao passo que os direitos da personalidade seriam comandos para o particular.

---

8. ALEXY. *Teoría...*, *cit.*, p. 65.
9. Cf. ALEXY. *Teoría...*, *cit.*, p. 65.
10. Cf. ALEXY. *Teoría...*, *cit.*, p. 66-72.
11. MIRANDA, Jorge. *Manual de Direito Constitucional [T. IV]: Direitos Fundamentais*. 2. ed. [S. l.]: Coimbra Editora, 1998, p. 57. Grifou-se.

A ideia de tratar os direitos fundamentais como garantias de defesa do cidadão perante o Estado é de matriz *liberal* e *individualista*. Nessa lógica, o Estado só se obriga, fundamentalmente, a "abster-se da invasão da autonomia privada"[12].

Rompendo essa lógica, a Constituição da República Portuguesa, por exemplo, afirma a vinculação de entidades públicas e privadas aos direitos concernentes às liberdades e garantias (art. 18)[13]. Ou seja, os direitos fundamentais são destinados tanto aos poderes públicos como às entidades privadas[14].

É relativamente comum afirmar-se, também, que se "os direitos fundamentais pressupõem relações de poder [pessoa *vs.* Estado], os direitos de personalidade relações de igualdade [pessoas *vs.* pessoas]"[15]. Ora, não é difícil perceber, hoje, que os jogos de poder e as manifestações de agressão aos preceitos concernentes a direitos fundamentais ocorrem, também, na esfera privada:

> [O] contraste [entre agressão a direitos fundamentais pelo Estado ou por particulares] não é entre poder e não poder, mas entre duas naturezas de poderes [...]. A correção e o castigo cabem a autoridades diferentes[16].

Além disso, os direitos fundamentais – em sua gênese histórica, na Declaração dos Direitos do Homem, de 1789 – dirigiam-se, também, "contra os privilégios da nobreza e do clero, contra posições não igualitárias, em virtude de classe social e poder econômico, no âmbito do direito privado"[17].

De maneira genérica, é razoável o consenso: é anacrônica a concepção que afirma serem os direitos fundamentais inócuos na esfera privada[18]:

> [N]ão se pode hoje duvidar se os preceitos constitucionais sobre direitos fundamentais têm aplicação nas relações entre particulares. Essa aplicação não se discute[19].

No entanto, a efetivação dos direitos fundamentais no direito privado está longe de ser assunto simples. Pelo contrário, resta tormentoso e "encontra-se,

---

12. GOMES CANOTILHO. *Direito...*, *cit.*, p. 360.
13. GOMES CANOTILHO. *Direito...*, *cit.*, p. 245.
14. GOMES CANOTILHO. *Direito...*, *cit.*, p. 375.
15. MIRANDA. *Manual...*, *cit.*, p. 58.
16. DUBY, Georges. Poder Privado, Poder Público. In: DUBY, Georges (Org.). *História da Vida Privada, 2: da Europa Feudal à Renascença* [Histoire de la vie privée, v. 2: De l'Europe féodale à la Renaissance]. Trad. Maria Lúcia Machado. São Paulo: Companhia das Letras, 1990. p. 23.
17. GOMES CANOTILHO. *Direito...*, *cit.*, p. 1208.
18. Cf. SOMBRA, Thiago Luis Santos. *A Eficácia dos Direitos Fundamentais nas Relações Jurídico-Privadas: A Identificação do Contrato como Ponto de Encontro dos Direitos Fundamentais*. Porto Alegre: Sergio Antonio Fabris, 2004, p. 105-106.
19. MOTA PINTO, Carlos Alberto da. *Teoria Geral do Direito Civil*. 3. ed. [S. l.]: Coimbra Editora, 1999, p. 78.

virtualmente, em todas as bocas"[20], constituindo, segundo Canaris, "verdadeira problemática do século"[21].

Aqui, novamente, há outro ponto relativamente pacífico entre os teóricos: há que haver tratamento diferenciado, quando a norma de direito fundamental dirigir-se ao Estado, e quando esse mesmo direito fundamental enseja norma dirigida a particulares. A grande discussão é como materializar a distinção no caso concreto[22].

O problema de como deve ser a aplicação dos direitos fundamentais nas relações entre particulares (na literatura jurídica alemã, *Drittwirkung*) suscita, inicialmente, duas possibilidades:

a) A aplicação imediata dos preceitos de direitos fundamentais nas relações entre particulares (*direkte Drittwirkung*);

Segundo essa teoria, os direitos fundamentais têm aplicação imediata na esfera privada, ou, vale dizer, sem a necessidade de mediação de poderes públicos, especialmente através de legislação infraconstitucional[23].

b) A aplicação mediata (indireta) dos preceitos de direitos fundamentais nas relações entre particulares (*indirekte Drittwirkung*)[24].

No caso, só haveria a transposição dos direitos fundamentais, para a esfera privada, através da mediação feita pelo legislador infraconstitucional.

Canotilho rejeita a aplicação imediata, pois afirma que sua aplicação coloca os particulares em uma situação idêntica ao Estado, o que seria desarrazoado[25]. O autor é enfático ao afirmar, ainda, que há outras situações em que os direitos fundamentais não podem atuar como conformadores das relações privadas, pois:

> [Há] casos em que os direitos fundamentais não podem aspirar a uma força conformadora de relações privadas dado que isso significaria um confisco substancial da *autonomia pessoal*, e à qual não se pode contrapor um direito subjetivo público[26].

Na mesma linha, Menezes Cordeiro afirma que "a atuação do Estado é qualitativamente diferente da de pessoas privadas"[27].

---

20. CANARIS, Claus-Wilhelm. *Direitos Fundamentais e Direito Privado*. Trad. Ingo Wolfgang Sarlet e Paulo Mota Pinto. Coimbra: Almedina, 2003, p. 19.
21. CANARIS. *Direitos...*, *cit.*, p. 20.
22. Cf. SOMBRA. A Eficácia..., *cit.*, p. 111-112.
23. Cf. GOMES CANOTILHO. *Direito...*, *cit.*, p. 1205.
24. Cf. GOMES CANOTILHO. *Direito...*, *cit.*, p. 1205.
25. Cf. GOMES CANOTILHO. *Direito...*, *cit.*, p. 1208.
26. GOMES CANOTILHO. *Direito...*, *cit.*, p. 1212.
27. MENEZES CORDEIRO, António. *Tratado de Direito Civil Português [V. I]: Parte Geral*. T. I, 2. ed. Coimbra: Almedina, 2000, p. 209.

Canaris, em obra já citada, faz uma análise mais circunstanciada do assunto. Aponta interconexões possíveis entre direitos fundamentais e direito privado[28].

De maneira esquemática:

a) Há a influência dos direitos fundamentais sobre a *legislação* de direito privado[29].

Tal afirmação vai ao encontro do artigo 1, n° 3 da Lei Fundamental de Bonn, que dispõe:

> Os direitos fundamentais que se seguem vinculam a legislação, o poder executivo e a jurisdição como direito imediatamente vigente.

Inclui-se, aí, obviamente, a legislação de direito privado[30]. Além disso, a interpretação do art. 93, alínea 4a, n. 1 da Lei Fundamental de Bonn assevera o direito de particulares submeterem à apreciação do Tribunal Constitucional Federal (*Bundesverfassungsgericht*) lesões a seus direitos fundamentais causados pelo legislador de direito privado. Assim, fica ainda mais patente a sujeição de normas de direito privado aos direitos fundamentais constitucionalmente previstos[31].

Apesar disso, Canaris, do exposto *supra*, afirma que:

> [N]ão resulta que os direitos fundamentais tenham, sempre, para a relação entre sujeitos de direito privado, exatamente o mesmo conteúdo e o mesmo alcance que na relação entre cidadão e o Estado[32].

b) A influência dos direitos fundamentais sobre a *aplicação* e o *desenvolvimento* do direito privado[33].

Ainda o artigo 1°, n° 3 da Lei Fundamental de Bonn estabelece a vinculação dos órgãos jurisdicionais aos direitos fundamentais. Há, no mesmo sentido, a possibilidade de recurso ao Tribunal Constitucional Federal (*Bundesverfassungsgericht*) de decisões judiciais que afetem direitos fundamentais (art. 93, n. 4a, da Lei Fundamental de Bonn)[34].

Na verdade, a interpretação que leva em conta os direitos fundamentais, na resolução de conflitos concretos, nada mais é que um "corolário da afirmação da lei fundamental [Constituição] como norma jurídica e do *princípio da interpre-*

---

28. Cf. CANARIS. *Direitos...*, *cit.*, *passim*.
29. Cf. CANARIS. *Direitos...*, *cit.*, p. 22-38.
30. Cf. CANARIS. *Direitos...*, *cit.*, p. 23.
31. Cf. CANARIS. *Direitos...*, *cit.*, p. 27.
32. CANARIS. *Direitos...*, *cit.*, p. 37.
33. Cf. CANARIS. *Direitos...*, *cit.*, p. 39-52.
34. Cf. CANARIS. *Direitos...*, *cit.*, p. 41.

tação conforme a mesma"[35]. É a conhecida regra hermenêutica da *interpretação constitucionalmente conforme.*

c) A influência dos direitos fundamentais sobre o *comportamento dos sujeitos de direito privado*[36].

Inicialmente, pode-se ter como relativamente pacífica a afirmação de que princípios que positivam direitos fundamentais são normas; têm força vinculadora.

Para elucidar o tópico proposto, o que se apresenta aqui é a dupla dimensão das normas de direitos fundamentais: a par de sua dimensão *subjetiva*, há a dimensão *objetiva* dessas normas.

Normas de direitos fundamentais consagram direitos subjetivos. Põem-se como direitos individuais de todos os sujeitos envolvidos, garantindo-lhes um dar, fazer ou não fazer. Dessa forma, de acordo com sua posição concernente ao ordenamento jurídico, os indivíduos humanos têm direitos pertinentes a suas condições de sujeitos de direito. Segundo Canotilho, da dimensão subjetiva das normas de direitos fundamentais aferem-se os direitos subjetivos, ou individuais. Estes visam a proteger e aduzir, *verbi gratia,* a vida, a integridade física, o direito à imagem etc., dos indivíduos[37]. A dimensão subjetiva dos direitos fundamentais é corolário do próprio direito fundamental[38].

Por outro lado, a normas de direitos fundamentais levam à dimensão objetiva desses direitos como "valores que legitimam a ordem jurídico-constitucional do Estado"[39].

Nessa linha, para além da obrigação de dar, fazer ou não fazer, que resulta da semântica do suporte normativo dos direitos fundamentais (ou uma das dimensões da norma de direito fundamental) e que é sempre pertinente a um sujeito, o Estado (e, mais além, o indivíduo e a sociedade), tem outro dever: atuar, positivamente, no sentido de tornar efetivos os valores consagrados nas normas de direitos fundamentais – haja ou não sujeitos presentes!

Para melhor elucidação, tome-se o seguinte exemplo:

"É garantido o direito à vida".

---

35. MAC CRORIE, Benedita Ferreira da Silva. *A Vinculação dos Particulares aos Direitos Fundamentais.* Lisboa: Almedina, 2005, p. 108.
36. Cf. CANARIS. *Direitos..., cit.,* p. 52-75.
37. Cf. GOMES CANOTILHO. *Direito..., cit.,* p. 1178.
38. Cf. GOMES CANOTILHO. *Direito..., cit.,* p. 1179.
39. NOVAIS, Jorge Reis. *As Restrições aos Direitos Fundamentais Não Expressamente Autorizadas pela Constituição.* [S. l.]: Coimbra, 2003, p. 57.

Pode-se afirmar que o Estado tem o dever de proteger a vida de cada cidadão em particular (direito subjetivo). Contudo, também há o dever de *promover a vida*, como *valor universalizável*, haja ou não sujeitos de direito presentes no caso concreto (v.g., o nascituro)[40].

A mesma lógica é aplicada na afirmação de determinados valores, que independem de posições subjetivas ou mesmo da existência de sujeitos presentes, como o direito ambiental, a tutela do patrimônio histórico-artístico etc.

Direitos fundamentais, como projeto ético-normativo de um Estado Nacional – incluindo seus cidadãos – devem impregnar a vida cotidiana das pessoas, como valores vivenciados e vivenciáveis, em qualquer esfera, seja ela pública ou particular.

Posto isso, retome-se o problema já referido: a aplicação dos direitos fundamentais, na esfera privada, deve-se fazer com a mediação do legislador infraconstitucional (eficácia horizontal indireta) ou sem a mediação (eficácia horizontal direta)?

Parece que o problema deve ser colocado em outras bases. Em primeiro lugar, a eficácia horizontal indireta não atende aos requisitos de imperatividade, normatividade e aplicação imediata, conforme o disposto na Constituição brasileira:

Art. 5º [...]
§ 1º As normas definidoras dos direitos e garantias fundamentais têm aplicação imediata.

Assim, a necessidade de mediação do legislador infraconstitucional burla completamente o dispositivo constitucional.

Em segundo lugar, deve-se perceber que a aplicação imediata de direitos fundamentais na esfera privada não será feita, sob o ponto de vista da aplicação, da mesma forma, quando da efetivação dos direitos fundamentais como comandos para o Estado. Tal ocorre não somente pelo simples fato de que as circunstâncias subjetivas são diversas (demandando soluções diferenciadas). O fundamental é perceber que, na esfera privada, a *autonomia da vontade* das pessoas envolvidas *também é um princípio de direito fundamental*. Até mais além, é *metaprincípio* conformador de todo o direito privado:

[A] própria autonomia privada [...] é objeto de garantias fundamentais e, por isso, de efeito em terceiros [...]. Na medida em que também a autonomia privada é jusfundamentalmente protegida, a afirmação dos direitos, liberdades e garantias não pode afetar seu núcleo irredutível[41].

Não há, portanto, que se falar que direitos fundamentais, aplicados à esfera privada, mitigam ou elidem a autonomia da vontade e o livre desenvolvimento

---

40. Cf. NOVAIS. *As Restrições...*, *cit.*, p. 69.
41. MAC CRORIE. *A Vinculação...*, *cit.*, p. 83, 86.

da personalidade[42]. Muito pelo contrário, os direitos fundamentais são exatamente garantias à autonomia e ao livre desenvolvimento da personalidade. Já a autonomia privada é constitutiva da autonomia pública. Esta, por sua vez, é a própria condição da legitimidade da normatização e do caráter cogente de direitos fundamentais. *Autonomias pública e privada são cooriginárias.*

Nesse ponto, é bem clara a afirmação de Habermas, para quem, em um Estado de Direito, democrático, há a presença de atores sociais capazes de legislarem para si mesmos, e que não podem prescindir de autonomia:

> A relação dialética entre *autonomia privada e pública* só se torna clara por meio da possibilidade de institucionalização do *status* de cidadão como esse, democrático, e dotado de competências para o estabelecimento do Direito, e isso somente com o auxílio do direito coercitivo. No entanto, porque esse direito se direciona a pessoas que, sem direitos civis subjetivos, não podem assumir de forma alguma o *status* de pessoas juridicamente aptas, *as autonomias privada e pública dos cidadãos pressupõem-se reciprocamente*[43].

Em suma, a autonomia privada é a garantia de pessoas que atuam, com repercussões na esfera pública, inclusive *legitimando, materializando* e *vivenciando* direitos fundamentais. A autonomia pública, por sua vez, através de direitos subjetivos (fundamentais e da personalidade), cria condições de possibilidade para o exercício da autonomia privada.

Além disso, a eficácia horizontal direta de direitos fundamentais não exclui, de forma alguma, a eficácia indireta. Ambas podem (e devem) conviver, harmonicamente, no mesmo sistema jurídico[44].

De todo o exposto, pode-se afirmar que o diferencial entre direitos fundamentais e direitos da personalidade, tendo em vista o critério de pertinência da norma, é anacrônico e simplório. Outro indicador de suas (possíveis?) diferenças deve ser buscado.

2.3 Pessoa e direitos da personalidade como marcos adequados para uma compreensão transnacional de direitos subjetivos

Dadas as sutis diferenças entre direitos fundamentais e direitos da personalidade, e mesmo a sua superposição, cabe aferir qual o referencial subjetivo mais adequado à contemporaneidade: *indivíduo* humano ou *pessoa* humana?

---

42. Cf. MAC CRORIE. *A Vinculação...*, *cit.*, p. 25.
43. HABERMAS, Jürgen. *A Inclusão do Outro: Estudos de Teoria Política* [Die Einbeziehung des Anderen: Studien zur politischen Theorie]. Trad. George Sperber & Paulo Astor Soethe. São Paulo: Loyola, 2002, p. 87. Grifou-se.
44. Cf. MAC CRORIE. *A Vinculação...*, *cit.*, p. 112.

Primeiramente, deve-se estabelecer, de forma inequívoca, a não coincidência entre os termos:

[N]ão [há] coincidência entre indivíduo e pessoa. A pessoa é uma 'unidade interativa', centro de referência de relações sociais, e daí que sua 'autodeterminação e desenvolvimento' se obtenha também através do reconhecimento de direitos fundamentais[45].

Nesse sentido, os direitos fundamentais, em suas dimensões objetiva e subjetiva, nada mais são que condições de possibilidade para tutela e livre desenvolvimento da pessoa. O centro de referência é a pessoa natural, em todas as suas possibilidades: individuais, intersubjetivas, sociais, e supraestatais.

O conceito de pessoa faz-se bem adequado às demandas ético-políticas hodiernas:

Hoje o direito privado se esforça por se organizar em novas bases. As prerrogativas individuais se mesclam de objetivos da comunidade, *a pessoa substitui o indivíduo* e a colaboração se desenvolve onde antes florescia, desembaraçada e forte, a concorrência[46].

Ainda que o conceito de pessoa não esteja ainda, aqui, plenamente desenvolvido, a afirmação de que pessoa tem, como pressuposto, uma dimensão interativa – o que não é apresentado, necessariamente, pelo indivíduo – já é suficiente para afirmar que as categorias *personalidade* e *pessoa* são mais adequadas à complexidade fenomenológica dos dias de hoje que o conceito de indivíduo.

Um dos fatores que torna a asserção ainda mais clara é a crise e paulatina superação do Estado Nacional.

2.3.1 Crise e superação do estado nacional

Os direitos da personalidade têm outro viés que se coaduna perfeitamente com a conjuntura histórica atual: a *vocação supranacional* do conceito de *pessoa*. Destarte, cumpre primeiramente demonstrar uma noção de Estado Nacional que se encontra em profunda crise.

O Breve Século XX ou, como também o chama Hobsbawm, a Era dos Extremos, foi, sem dúvida, um dos séculos mais paradoxais e multifacetados, na história da humanidade[47]. Nesse período, vários foram os fatores que, sob a epí-

---

45. GOMES CANOTILHO. *Direito...*, *cit.*, p. 1179.
46. VILLELA, João Baptista. Por Uma Nova Teoria dos Contratos. *Revista de Direito e de Estudos Sociais*, Coimbra, a. XX, n. 2-3-4, abr.-dez. 1975, p. 328. Grifou-se.
47. HOBSBAWM, Eric. *A Era dos Extremos* [Age of extremes]. Trad. Marcos Santarrita. 2. ed. São Paulo: Companhia das Letras, 1996, *passim*.

grafe comum de globalização, contribuíram, sobremaneira, para abalar a noção de *soberania*, presente desde a gênese do Estado Nacional.

A situação tornou-se ainda mais explícita nesse começo de século XXI a partir de 11 de setembro de 2001, data do atentado ao *World Trade Center*.

No século passado, e no atual, houve um desenvolvimento demográfico extremamente intenso, sendo que a população do globo chegou a triplicar[48]. Acompanhado de tal crescimento, ocorreram fluxos migratórios transnacionais de forma muito acentuada. Cada vez mais, torna-se abstrata a ideia de cidadão, com lastro cultural específico, organizado politicamente em torno do Estado e vinculado a uma dada Nação. Basta observar, por exemplo, a presença islâmica na Europa, onde a população muçulmana chega a 15 milhões de habitantes. Somente em Londres há cerca de 1,8 milhão de muçulmanos[49]. Essa nova população acaba por carrear demandas sociais e políticas específicas, que se irão refletir nas estruturas de direitos e liberdades fundamentais, cuja matriz é tipicamente ocidental. As questões concernentes a liberdade de imprensa e liberdade religiosa são apenas um exemplo[50]. Infelizmente, a xenofobia tem alcançado níveis constrangedores. Pior, acaba por se tornar, muitas vezes, uma mal-disfarçada política de Estado:

A Turquia queria ser integrada à União Europeia em 2008. Agora, o prazo mais otimista é 2014. A razão é a "falta de identidade cultural" com a Europa. Ou, em outras palavras, a força do Islamismo no País[51].

Além disso, torna-se cada vez mais difícil avaliar, em termos maniqueístas, quem é o verdadeiro terrorista, na "guerra intercultural"[52].

O século XX e esse início de século XXI caracterizam-se, também, pelo maciço número de refugiados. Essas populações apátridas não foram privilégio da Europa pós Segunda Guerra. Na Índia, por exemplo, após a descolonização, foram 15 milhões de refugiados, nas fronteiras com o Paquistão[53].

Sob a ótica econômica, as mudanças também foram drásticas. Não se pode mais falar em relações de consumo locais, mas de um consumidor global, que tem acesso (quando tem) a qualquer mercado do mundo, via telefone, *internet*, e com apoio de sofisticados meios de entrega, cada vez mais desenvolvidos. A economia,

---

48. Cf. HOBSBAWN. *A Era...*, *cit.*, p. 21.
49. Cf. SCHELB, Diogo & BOSCOVI, Isabela. 50 Coisas que o Terror mudou no Mundo. *Veja*, São Paulo, a. 39, n. 35, 6 set. 2006, p. 88.
50. Cf. SCHELB & BOSCOVI. 50 Coisas..., *cit.*, p. 92.
51. SCHELB & BOSCOVI. 50 Coisas..., *cit.*, p. 92.
52. Cf. VILLELA, João Baptista. Em Busca dos Valores Transculturais do Direito. *Revista Brasileira de Estudos Políticos*, Belo Horizonte, n. 89, jan.-jun., 2004, p. 41-42.
53. Cf. HOBSBAWN. *A Era...*, *cit.*, p. 58.

progressivamente, torna-se global. Talvez esse seja um dos principais problemas do século XXI. O Estado Nacional encontra-se, sobremaneira, impotente, para reger mercados globalizados. A ideia de "capitalismo docilizado", orquestrada pelo modelo de Estado Social europeu, não mais consegue impor-se[54]. O capital circulante em mercados globalizados é, em regra, apátrida, e dotado de volatilidade imensa. Não se fixa e, na maioria das vezes, tem viés meramente especulativo[55]. A globalização econômica impõe regras transnacionais de mercado, cuja rejeição pode levar ao fechamento econômico do Estado Nação, com esvaziamento de capital e esvaziamento de riquezas. Consequentemente, ocorre defasagem na aquisição de tecnologia e inexorável perda de bem-estar. A alternativa de deixar o mercado afeto a um "liberalismo pós-nacional" não parece mais adequada. Os parâmetros de funcionalidade e eficiência de mercado devem ser observados. No entanto, esse mesmo mercado é "surdo" a apelos de desenvolvimento da pessoa natural, em seu sentido mais amplo. A competitividade baseia-se, tão somente, na lógica individual, ou melhor, individualista. Nesse sentido, o liberalismo pós-nacional leva a um conceito de pessoa não condizente com os projetos de emancipação e vida boa, buscados pela Modernidade. Além disso, o mercado econômico absolutamente livre *prescinde de qualquer vínculo de solidariedade*. Participar de um mercado global, seja como consumidor, seja como produtor, é bem pouco, quando se busca a pessoa em seu sentido pleno. Vínculos de solidariedade global devem ser construídos, partindo-se do pressuposto que o "outro" deve ser uma pessoa pela qual "vale a pena pagar"[56].

Outro problema de índole visceralmente transnacional é o poder destrutivo do meio ambiente, em nível global. A capacidade técnica destrutiva, alcançada nos séculos XX e XXI, não tem precedentes históricos. Seu controle está para muito além das possibilidades locais de soberania:

> Graças à quebra do equilíbrio ecológico e à capacidade de destruição embutida na aplicação da técnica de ponta surgiram, no entanto, *novos riscos que ultrapassam as fronteiras*. 'Chernobyl','buraco de ozônio' ou 'chuva ácida' indicam acidentes e modificações ecológicas que [...] *ultrapassam a capacidade de ordenação dos estados singulares*[57].

Esses e outros indicadores demonstram que um dos principais desafios desse século XX é encontrar atores que possam agir globalmente, revigorando a noção de comunidade, cujos *membros são capazes de legislarem sobre si mesmos*. O sujeito apto a fazer parte de uma comunidade pós-nacional deve partir da população

---

54. HOBSBAWN. *A Era...*, *cit.*, p. 253-281.
55. Cf. HABERMAS, Jürgen. *A Constelação Pós-Nacional: Ensaios Políticos* [Die postnationale Konstellation: Politische Essays]. Trad. Márcio Seligmann-Silva. São Paulo: Littera Mundi, 2001, p. 85.
56. Cf. HABERMAS. *A Constelação...*, *cit.*, p. 118-119.
57. HABERMAS. *A Constelação...*, *cit.*, p. 87. Grifou-se.

CAPÍTULO I • DIREITOS FUNDAMENTAIS E DIREITOS DA PERSONALIDADE

mesma, e não esperar por agentes públicos governantes[58]. Em outras palavras, são os próprios sujeitos individuais que primeiro devem manifestar-se, em níveis locais e globais, individualmente e em níveis de solidariedade internacionais.

2.3.2 A tensão supracultural vs. local da pessoa humana

Visto que o Estado Nacional parece estar encontrando seu ocaso, faz-se necessário, assim, repensar a noção de sujeito de direitos.

O conceito mais utilizado, na Modernidade, foi o de *indivíduo humano*, delimitado pelos valores liberais (vida, propriedade, liberdade)[59].

A noção de *pessoa natural*, por outro lado, abarca de forma mais precisa a complexidade dos fenômenos humanos, seja em níveis individuais, intersubjetivos ou comunitários. De fato, a *individualidade* realiza-se, de forma máxima, através da *pessoalidade*, no momento em que o indivíduo é levado a *transcender a si mesmo*, em vivências históricas, culturais, artísticas, científicas etc., para além dos seus limites biofísicos:

> O que especifica nosso caráter *pessoal* é uma *singularidade* capaz de se expressar em um estilo próprio [...] todo aquele conjunto de 'qualidades próprias' que nos constituem em isso que cada um de nós somos[60].

Ser pessoa implica ser mais que uma unidade física. Inclui a participação em processos e percepções cujos conteúdos são históricos, psicológicos e valorativos. A pessoalidade é um processo, um *vir-a-ser* inacabado, mas que se sustenta, também, na positivação de determinados direitos pertinentes à pessoa.

Assim, hodiernamente, deve haver uma contundente busca pela universalização de determinados direitos básicos, sem que se esqueça das inomináveis e riquíssimas diferenças culturais.

Porém, o Direito é tudo menos linear na sua historicidade, e, muitas vezes, ocorre a "recuperação do particular em relação ao global"[61].

Equilíbrio – ou seria tensão? – entre local e global, entre singularidade e comunidade, entre realizações individuais e coletivas, só pode ser respondido, de maneira adequada, num contexto pós-nacional, com todas virtudes e vicissitudes.

---

58. Cf. HABERMAS. *A Constelação...*, cit., p. 73.
59. Cf. SOUSA SANTOS, Boaventura de. *A Crítica da Razão Indolente: Contra o Desperdício de Experiência*. São Paulo: Cortez, 2000, v. 1. Para um Novo Senso Comum: A Ciência, o Direito e a Política na Transição Paradigmática. p. 129-139.
60. TRÍAS, Eugenio. *Ética y condición humana*. Barcelona: Península, 2000, p. 153.
61. VILLELA. Em Busca..., *cit.*, p. 31.

Os exemplos são os mais diversos possíveis. A busca do pleno emprego é um deles[62]. Esse valor está positivado em várias constituições ocidentais. No Brasil, esse valor encontra-se normatizado no art. 170, VIII na Constituição de 1988. Mas, hoje, é impossível pensar-se em acesso ao pleno emprego somente em nível nacional[63]. Em um mercado cuja mão de obra também é globalizada, e com custos sociais os mais diversos possíveis, somente uma atuação conjunta e transnacional pode garantir a proteção a trabalho e trabalhador, em patamares mínimos.

Uma perspectiva otimista (aqui adotada) aponta para o fato de que as identidades culturais serão, gradualmente, uma questão de *escolha*, de posicionamento perante valores, partilhados por comunidades, e que, em choques paroxísticos, constituem-se pelo *ultralocal* e o *plenamente global*. Mundos da Vida suscetíveis de tematização, ou seja, espaços culturais e de tradição histórica, em que os interlocutores posicionam-se e podem, mutuamente, entenderem-se e se criticarem, serão recriados, reconstituídos[64]. Haverá aberturas e fechamentos, a exemplo do que ocorreu no período de transição histórica entre o feudalismo e os Estados Nacionais[65].

O contraponto à possibilidade de entendimento, em nível global, quanto a valores e comportamentos válidos, passíveis de normatização, é justamente a fulgurante diversidade cultural (ainda) existente nas diversas sociedades. Obviamente, tal diversidade pode chegar a níveis pasmosos: [a]s dificuldades ganham um nível paroxístico quando valores ou comportamentos aceitáveis por uma sociedade constituem crimes ou aberrações para outras"[66].

Na mesma perspectiva, pode-se dizer que o futuro, cada vez mais presente, engendra *pessoas do mundo, sempre capazes de entendimento*! Sob a ótica jurídica, normas concernentes a direitos da personalidade sublimam-se para além do Estado Nacional. Nesse sentido, será possível escolher "como ser pessoa", na medida em que todos são chamados a participar de Mundos da Vida e a questioná-los, bem como as formas de organização nacionais:

> Como reação à pressão uniformizante de uma cultura mundial material, constituem-se frequentemente novas constelações que não nivelam, por assim dizer, diferenças culturais existentes, mas sim criam uma nova pluralidade com formas híbridas[67].

---

62. Cf. HABERMAS. *A Constelação...*, *cit.*, p. 117.
63. Cf. HABERMAS. *A Constelação...*, *cit.*, p. 117.
64. Cf. HABERMAS, Jürgen. *Teoría de la acción comunicativa, I: Racionalidad de la acción e racionalización social* [Theorie des kommunikativen Handelns. Band I. Handlungsrationalität und gesellschaftliche Rationalisierung]. Madrid: Taurus, 1987, p. 104 *et seq.*
65. Cf. HABERMAS. *A Constelação...*, *cit.*, p. 105.
66. VILLELA. Em Busca..., *cit.*, p. 37.
67. HABERMAS. *A Constelação...*, *cit.*, p. 96.

CAPÍTULO I • DIREITOS FUNDAMENTAIS E DIREITOS DA PERSONALIDADE

Nesse contexto, é de extrema importância ressaltar que a personalidade, em termos metajurídicos (ou, ao menos, em termos meta-legais), é justamente a aptidão para se fazer *pessoas ativas perante o mundo global/local*:

> *Personalidade* serve de termo técnico para competências adquiridas que tornam um *sujeito capaz de agir e de falar* colocando-o assim em situação de, em cada contexto dado, *tomar parte de processos de compreensão mútua e afirmar a sua identidade* em contexto de interação alteráveis[68].

Essa afirmação deve ser levada a sério e será desenvolvida na sequência do trabalho.

Ela apontará, também, para a tese de Ascensão, para quem só pode "ser considerado direito da personalidade aquele direito que encontrar fundamento ético na personalidade humana"[69]. Aqui há, pois, uma perspectiva *bem mais ampla* que a imposta pelos *fracos limites estatais* a que se vinculam os direitos fundamentais. Encontra-se, portanto, a verdadeira distinção entre direitos fundamentais e direitos da personalidade, para muito além dos limites territoriais de um dado espaço de soberania:

> O que for verdadeiramente emanação da personalidade humana tem que ser reconhecido por todos, porque a personalidade é a própria base comum do diálogo social[70].

O primeiro problema a ser enfrentado, para que se tenha uma globalização sensível a diferenças, e, ao mesmo tempo, passível de criar condições de possibilidade para o pleno desenvolvimento da pessoa natural, e dos direitos da personalidade, é o da própria noção do que seja pessoa natural:

> O grande desafio para a construção de uma vasta, viva e crescente rede de valores transculturais parece estar, entretanto, nos aprofundamentos e na meditação, certamente complexos, que levem a uma *ideia comum de pessoa humana*[71].

Assim, a busca, agora, deve centrar-se no conceito de pessoa, no Ocidente, a partir de suas origens nas controvérsias trinitárias e cristológicas da Antiguidade Tardia.

Essa será a tarefa a ser aqui empreendida.

---

68. HABERMAS, Jürgen. *O Discurso Filosófico da Modernidade* [Der philosophische Diskurs der Moderne]. Trad. Bernardo, Ana Maria et al. Lisboa: Quixote, 1990, p. 315. Grifou-se.
69. ASCENSÃO. Os Direitos..., *cit.*, p. 126.
70. ASCENSÃO. Os Direitos..., *cit.*, p. 127.
71. VILLELA. Em Busca..., *cit.*, p. 45. Grifou-se.

Capítulo II
AS ORIGENS DO CONCEITO DE PESSOA

1. INTRODUÇÃO

O conceito de pessoa é um dos mais importantes para o direito ocidental. Paradoxalmente, são quase nulos os estudos jurídicos que buscaram, com a devida profundidade, a elucidação histórica e os sucessivos incrementos teoréticos acerca da temática. A maioria dos estudiosos parece considerar a ideia como sendo inata, ou seja, a noção de pessoa seria um dado, tendo sempre existido[1].

Matta-Machado foi um dos autores que buscaram construir uma teoria consistente acerca do que seja *pessoa*. Já na introdução de um de seus textos, afirma tratar-se de um *conceito explosivo*, dada a "enorme carga de significação que aninha"[2]. A seguir, no mesmo trabalho, expõe o método que parece ser o mais adequado: a busca pelas raízes filosóficas do conceito. Isso significa afirmar que é através da investigação histórico-filosófica que se pode deslindar o conceito de pessoa.

No presente capítulo, será utilizado o método histórico-filosófico para se (re) construir o conceito de pessoa natural, base do ordenamento jurídico do Ocidente.

2. ARQUEOLOGIA DO CONCEITO DE PESSOA

Pessoa é uma entidade histórica muito sofisticada e de rica semântica. Há manifestações de tal conceito, na Antiguidade Grega, em áreas como a gramática, retórica, linguagem teatral etc. Sua noção tem, pois, "antecedentes históricos [dentre] os mais complexos"[3].

---

1. MAUSS, Marcel. *Sociologia e Antropologia* [Sociologie et anthropologie]. Trad. Paulo Neves. São Paulo: Cosac & Naif, 2003, p. 369.
2. MATTA MACHADO, Edgar de Godoi da. Conceito Analógico de Pessoa Aplicado à Personalidade Jurídica. *Revista da Faculdade de Direito [da UFMG]*, Belo Horizonte, a. IV, out., 1954, p. 55.
3. VAZ, Henrique C. L. *Antropologia Filosófica II*. São Paulo: Loyola, 1992, p. 189.

No entanto, conceitos análogos podem ser avaliados: alguns historicamente anteriores ao pensamento ocidental; outros, manifestações extemporâneas, normalmente estudadas pela antropologia cultural[4].

Mauss reforça o caráter *nitidamente ocidental* de pessoa com a devida complexidade que, hodiernamente, a ela se vincula:

> Outras nações conheceram ou adotaram ideias semelhantes [de pessoa]. São raras as que fizeram da pessoa humana uma entidade completa [...]. A mais importante é a romana. Ao nosso ver, foi em Roma que essa última noção se formou[5].

Nas querelas acerca da dupla natureza de Cristo, bem como das controvérsias acerca da Trindade, é que o conceito de pessoa foi explicitado. Sua elaboração mais apurada remonta ao pensamento greco-romano e cristão, em especial a partir dos séculos IV, V e VI. Segundo Vaz, a elaboração das bases teológico-filosóficas do conceito de pessoa trata "do fruto mais sazonado no terreno de encontro entre o *logos* grego e o *logos* cristão"[6]. Conforme Vaz:

> O processo de formação da ideia de indivíduo no mundo da cultura bíblica e no mundo da cultura helênica apresenta, não obstante a *profunda diferença das experiências históricas* que o alimentam [...] um traço comum que será o seu decisivo traço de união quando eles *convergem na ideia ocidental do homem como pessoa*[7].

2.1 A pessoa como máscara

A origem mais propalada do conceito de pessoa é, sem dúvida, a de *máscara*. Parece que a correlação de pessoa e *personare* que significaria, literalmente, máscara – através da qual soa, retumba o ator ou agente – advém da obra fundamental de Boécio, que afirma:

> O nome 'pessoa' parece tomado de outra fonte, a saber, aquelas máscaras que nas comédias e tragédias, representavam os homens que se interessavam representar. Na verdade, *persona*, acento posto na penúltima sílaba, deriva de *personare*, pois se se acentua a antepenúltima, parecerá, claramente, derivar de *sonus*; e essa derivação de 'som' deve-se ao fato de que o som proferido pela concavidade da máscara é necessariamente mais forte que o normal[8].

---

4. Como apresentado por Mauss. Cf. MAUSS. *Sociologia...*, *cit.*, p. 369-384.
5. MAUSS. *Sociologia...*, *cit.*, p. 384.
6. VAZ. *Antropologia...*, *cit.*, p.194. Questão interessante se põe acerca da existência de um *logos* tipicamente cristão. Parece que Vaz se refere à *Patrística* como criadora de um *logos* autônomo. No entanto, parece mais razoável falar-se de um encontro entre o *logos* grego e a *teofania* cristã, pois a teologia cristã é fruto da fé, mas, evidentemente, também do *logos* grego em si.
7. VAZ. *Antropologia...*, *cit.*, p. 202. Grifou-se.
8. BOÉCIO. *Escritos...*, *cit.*, p. 165.

CAPÍTULO II • AS ORIGENS DO CONCEITO DE PESSOA

Tal origem é, no entanto, bastante questionável. Não há uma correlação clara entre *persona*, latina, e *prósopon* (προω̄πον), grega, como afirma a maioria dos autores. O primeiro argumento é etimológico:

Pessoa [person] (inglês: person; francês: personne; italiano: persona).

I.   Da Antiguidade à Idade Média. – 1. *Etimologia*. A palavra latina 'persona'[p.a.] 'ae' (originariamente 'Máscara', depois 'Papel, Caráter', 'Pessoa'[P.]) foi na Antiguidade derivada de 'personare', 'soar através de...', em que se fazia referência ao efeito acústico do falar através da máscara do ator; esta *etimologia fracassa* na diferente quantidade do 'o' em 'persŏna' e em 'persŏnare'. Dentre as numerosas tentativas da investigação moderna de projetar luz sobre a origem da palavra apenas merece consideração a referência à palavra etrusca 'φersu' que parece significar a 'máscara, ator'. Uma vez que tanto a máscara do ator como os demais integrantes da cena passaram dos gregos aos romanos foi repetidamente suposto que subjacente às formações itálicas 'φersu-p.a.' estivesse a (palavra) grega προσωπον ('rosto, máscara', desde a época imperial também 'Pessoa'), uma suposição insegura em razão da diferença fonética[9].

Também Mauss afirma que:

A palavra [persona] *não parece ser exatamente de origem latina, mas sim etrusca*, como outros nomes em *na (Porsenna, Caecina* etc.). [Pode-se compará-la] à palavra mal transmitida *farsu* [podendo] vir de um empréstimo tomado pelos etruscos do grego *προσωπον* (perso)[10].

O segundo argumento é a grande diferença que há entre *máscara* e *pessoa*, em sentido mais estrito. Não há uma oposição entre o "eu verdadeiro" e o "eu mascarado". Pelo contrário, a pessoa é o "mais verdadeiro eu" que pode existir, fruto da singularidade do ser humano, em sua plenitude[11].

É essa a visão de Goffman em circunstanciado estudo sobre as interações sociais, ao afirmar que pessoa presta-se a:

[R]epresentar a concepção que formamos de nós mesmos – o papel que esforçamo-nos para desempenhar – essa máscara é nosso *mais verdadeiro eu, o eu que gostaríamos de ser* [...]. Viemos ao mundo como indivíduos, alcançamos caráter, e tornamo-nos pessoas[12].

De qualquer maneira, embora pareça não haver correlação direta entre os termos grego e latino, a noção de *pessoa* como *papel social* é de indubitável importância e deve ser levado em conta ainda hoje.

---

9.   RITTER, Joachin & GRÜNDER, Karlfried (HGB). *Historisches Wörterbuch der Philosophie*. Bd. 7. Darmstadt: Wissenchaftliche Buchgesellschaft, 1989, 2007, *Person*.
10. MAUSS. *Sociologia...*, *cit.*, p. 385.
11. Cf. VAZ. *Antropologia...*, *cit.*, p. 191. A ideia é a mesma defendida por Villela, em aulas na faculdade de Direito da UFMG.
12. GOFFMAN, Erving. *The Presentation of the Self in Everyday Life*. New York: Doubleday, 1959, p. 19-20. Grifou-se.

2.2 *Prósopon* e pessoa

Uma investigação mais abrangente acerca das origens do conceito de pessoa leva, inexoravelmente, às origens do cristianismo. Inclusive, Boécio forja sua construção de pessoa (francamente utilizado durante toda a Idade Média) nos debates acerca da natureza de Cristo.

Nesse contexto, para saber como se formaram as noções de pessoa, típicas do Ocidente, há que se averiguar as inúmeras disputas teológicas e políticas que permearam o cristianismo, sobretudo entre os séculos I e VI.

Obviamente, não é objeto, desse trabalho, esmiuçar todas as posições teológicas da época. Busca-se, aqui, tão somente, o necessário à elucidação das origens do conceito de pessoa, com os devidos recortes epistêmicos.

3. AS ORIGENS TEOLÓGICO-CRISTÃS DO CONCEITO DE PESSOA

Pode-se afirmar, desde já, que o cristianismo primitivo era de uma profusão acabrunhante de ideias. Não há como se sustentar a unidade no pensamento católico antes do século V d.C.[13].

Chamar-se-á – não sem boa dose de arbitrariedade – de *cristianismo primitivo* o período de manifestações dessa religião, compreendido entre os séculos I e IV.

Nesse interlúdio, a Igreja ainda não se constituía como instituição. Inúmeros grupos, muitas vezes rivais, apresentavam visões conflitantes acerca do cristianismo. Genericamente, as suas várias leituras oscilavam entre dois polos: os de *tendência judaizante* e os de *tendência helenista*. Houve, entre os extremos, várias nuances[14].

Os judaizantes buscavam seguir a lei de Moisés, e apregoavam a ideia de que todo pagão deve ser convertido às práticas judaicas, submetendo-se, inclusive, à circuncisão. Distinguiam-se, no entanto, dos judeus ortodoxos, por acreditarem que Jesus era o Messias.

Já a tendência helenista, capitaneada, sobretudo, por Paulo de Tarso, afirmava que bastava seguir os Evangelhos para se alçar à salvação. O grande sinal

---

13. Cf. ONFRAY, Miguel. *Tratado de Ateologia*. [Traité d'athéologie]. Trad. Monica Stahel. São Paulo: Martins Fontes, 2007, p. 100. Cf. MANGUEL, Alberto. *Uma História da Leitura*. [A History of Reading]. Trad. Pedro Maia Soares. São Paulo: Companhia dasLetras, 2006, p. 68-69. O catálogo de hereges é bem longo. Muitas vezes, eram vozes isoladas, que pretendiam criar dogmas comuns. Entre eles estão, por exemplo, os monarquianistas, os montanistas, os apolinaristas, os pelagianos etc.

14. As explanações seguintes foram embasadas precipuamente em: FRANGIOTTI, Roque. *História das Heresias (séculos I-VII): Conflitos Ideológicos Dentro do Cristianismo*. 4. ed. São Paulo: Paulus, 2004, *passim*.

de conversão era o batismo. Esta tendência acabou por preponderar na Igreja Católica Romana[15].

Surgem, na Ásia Menor, por volta do século I, variações dessas leituras do cristianismo. Uma delas, de grande influência, foi a de Cerinto. Sua doutrina afirmava que:

> Após o batismo, o Cristo, vindo de junto do Supremo Princípio, que está acima de todas as coisas, desceu sobre Jesus sob forma de pomba. Depois disso, Cristo anunciou o Pai desconhecido e realizou milagres. No final, porém, o Cristo (Espírito) retirou-se de Jesus, abandonando-o. Jesus, então, sofreu e ressuscitou, mas o Cristo permaneceu impassível visto ser espiritual[16].

Aparece o *grande problema* que será um dos motores da elaboração do conceito de pessoa: a *dicotomia* ou a *unidade* entre *Cristo* (deus, espírito) e *Jesus* (homem, carne). Vários serão os hereges que trilharão esses caminhos.

O *adocionismo*, por exemplo, por volta dos séculos I e II d.C., afirmava que o Espírito Santo habitou a matéria (espécie de suporte terreno) para que pudesse manifestar-se. O suporte de carne "serviu tão bem ao Espírito Santo que, quando o Espírito o deixou, Deus deu-lhe um 'lugar de repouso' como recompensa"[17]. Tal cristologia afasta-se bastante daquela do Evangelho de João e dos ensinamentos de Paulo de Tarso. Põe clara dicotomia entre homem e deus.

Uma das manifestações mais fortes do adocionismo, a dos *ebionitas*, seguia a tendência de atribuir a Jesus a condição de Messias. Contudo, negam, peremptoriamente, a sua divindade. Cristo é só homem, ainda que tenha recebido uma vocação especial de Deus[18]. De maneira geral:

> Os *ebionitas* interpretavam as expressões 'Filho de Deus', 'Verbo', 'Espírito Santo', segundo as categorias hebraicas, no sentido em que *nenhuma delas era considerada pessoa*, no sentido filosófico, ontológico[19].

Estão postos aqui, em outra variação, os problemas motrizes recorrentes no debate cristológico. Primeiramente, o de *suporte* para natureza divina. Haveria algo que "subjaz" ao Espírito Santo, para que ele se manifeste entre os homens. Em segundo lugar, a (possível) pessoalidade de Jesus – e mesmo do Espírito Santo. Os ebionitas, como dito, *não consideravam Jesus* uma *pessoa*, em termos divinos.

---

15. Foram muitas as tensões entre Pedro e este, na medida em que aquele defendia um modelo de cristianismo mais judaizante e Paulo, como dito, um modelo mais helênico. Cf. DUFFY, Eamon. *Santos & Pecadores: História dos Papas*. [Saints and Sinners: a History of the Popes]. Trad. Luiz Antônio Araújo. São Paulo: Cosac & Naify, 1998, p. 4.
16. FRANGIOTTI. *História...*, *cit.*, p. 15.
17. FRANGIOTTI. *História...*, *cit.*, p. 17.
18. Cf. SAVIAN FILHO, Juvenal. Introdução. In: BOÉCIO. *Escritos...*, *cit.*, p. 15.
19. FRANGIOTTI. *História...*, *cit.*, p. 19-20. Grifou-se.

O fato residia, sobretudo, no abalo que o reconhecimento da pessoalidade divina de Jesus poderia acarretar para o rígido monoteísmo judaico[20].

Os *gnosticistas/docetistas*, corrente de pensamento cristológico (*circa* século I d.C.) serão antípodas dos adocionistas[21]. Segundo essa seita, surgida na Ásia Menor, Jesus não teria um corpo humano verdadeiro[22]. Ao contrário, Jesus é o Deus preso num corpo. Os gnosticistas apregoavam uma radical separação entre corpo e alma e menosprezavam a matéria. Aliás, muitos dos mártires do cristianismo, supõe-se hoje, eram gnosticistas: aceitavam o martírio como forma de se livrar do corpo e libertar o espírito[23]. Com o docetismo (variação do gnosticismo), há uma ameaça séria ao cristianismo helênico. Ao afirmarem que deus é puro espírito, de total transcendência, supratemporal e supramaterial, negam a possibilidade de encarnação[24]. O docetismo e o gnosticismo, em suas múltiplas vertentes, afirmavam, em suma que:

> [A] gnose é uma revelação e uma doutrina de salvação. Ela ensina a alma a se libertar do mundo material, e a sair para o mundo espiritual e luminoso, de onde caiu[25].

Há, ainda, entre os dois extremos – *considerar que Jesus é somente homem* ou que *Jesus homem nunca existiu* – outra corrente cristológica: a dos *subordinacionistas*. Afirmavam que *só Deus Pai* é rigorosamente deus e que Jesus é uma espécie de "segundo deus" (*déutero théos*), subordinado a Deus Pai[26]: "Cristo é servo do Pai, a cujos preceitos sempre obedeceu"[27].

Veja-se então a maranha posta: de um lado, os que afirmam que Jesus é meramente homem; de outro, que Jesus é somente deus, e não homem. Para incrementar a complexidade, há os que defendiam a divindade de Jesus, mas subordinada a Deus Pai.

---

20. Os abalos que a teoria da pessoalidade divina de Jesus causaram no monoteísmo não podem ser desprezados historicamente. O Islamismo, no século VI, irá aparecer como uma reação ao aparente politeísmo das doutrinas cristológicas da época. Não em vão proclamavam os seguidores do islamismo: "Só Deus é Deus e Maomé seu profeta – *La Ilah il'Allah Muhammad Rasul Allah*" (In: PINHARANDA GOMES. *História da Filosofia Portuguesa 3: A Filosofia Arábico-Portuguesa*. Lisboa: Guimarães Editores, 1991, p. 9).
21. Cf. DUFFY. *Santos...*, *cit.*, p. 9.
22. Cf. FRANGIOTTI. *História...*, *cit.*, p. 27.
23. Cf. DUFFY. *Santos...*, *cit.*, p. 14. Cf. McMAHON, Darrin. *Felicidade: Uma História*. [Happines: a history]. Trad. Fernanda Ravagnani e Maria Sílvia Mourão Netto. São Paulo: Globo, 2006, p. 100-153. São inúmeros os relatos pertinentes ao cristianismo primitivo que confirmam a tese segundo a qual a libertação do corpo humano, sobretudo pelo sofrimento – equivalente à paixão de Cristo –, conduziria à verdadeira felicidade. Esse fenômeno sequer foi privilégio dos gnosticistas, pois várias outras seitas primitivas, como a dos *montanistas*, apregoavam a salvação pelo martírio da carne.
24. Cf. FRANGIOTTI. *História...*, *cit.*, p. 29-30.
25. FRANGIOTTI. *História...*, *cit.*, p. 35-36.
26. Cf. FRANGIOTTI. *História...*, *cit.*, p. 75.
27. FRANGIOTTI. *História...*, *cit.*, p. 81.

CAPÍTULO II • AS ORIGENS DO CONCEITO DE PESSOA

3.1 A controvérsia ariana

Data também dessa época, mais especificamente no século III, a *Controvérsia Ariana*. Ela deu origem ao primeiro concílio da Igreja Católica, o de Niceia (325 d.C), quando se afirmaram os primeiros dogmas cristãos.

A grande inspiração ariana foi o *subordinacionismo*.

Ário, provavelmente nascido na Líbia, por volta de 250 d.C., foi um sacerdote de enorme influência. Dotado de refinada oratória e vasta cultura, acabou por atrair grande afluxo de pessoas para suas ideias. Afirmava que somente Deus Pai era "eterno, absoluto, imutável, incorruptível"[28]. No entanto, Deus Pai criou o *Logos*, para servir à Criação. Segundo esse raciocínio, o *Logos*, embora imortal, não é eterno. Jesus foi o receptáculo (veja-se aí, de novo, a ideia de *suporte*) do *Logos*, que não era, portanto, da mesma substância (não consubstancial) ao Pai, *embora fosse também divino*. Segundo a doutrina de Ário:

> O *Logos*, a Palavra de Deus que em Jesus se fizera carne, não era o próprio Deus, mas uma criatura infinitamente superior aos anjos, embora como eles criada do nada antes do começo do mundo[29].

O prestígio de Ário e a propagação de suas ideias foram tão grandes que o Imperador Constantino, temeroso de grandes cismas no Império, convocou um Concílio, em Niceia, presidido por ele mesmo (325 d.C.), para resolver as querelas e fortalecer a unidade do Império Romano[30]. O epicentro das discussões foi, justamente, a relação entre o *Pai* e o *Logos*[31].

Desde logo, buscou-se combater as tese arianas, segundo as quais "não há nenhuma comunhão ontológica entre o Filho e o Pai"[32]. Afirmou-se, então, no Concílio, a tese oposta: a *consubstancialidade* entre Filho e Pai – a *homo-oúsios* (οοουσιος, da mesma *natureza*)[33]. Põe-se fim, também, ao *déutero théos*, afirmando "Deus verdadeiro de Deus Verdadeiro".

---

28. FRANGIOTTI. *História...*, *cit.*, p. 86.
29. DUFFY. *Santos...*, *cit.*, p. 22.
30. Cf. PERRONE, Lorenzo. De Niceia (325) a Calcedônia (451). Os Quatro Primeiros Concílios Ecumênicos: Doutrinas, Processos de Recepção. In: ALBERIGO, Giuseppe (Org). *História dos Concílios Ecumênicos* [Storia dei concili ecumenici]. Trad. José Maria de Almeida. 3. ed. São Paulo: Paulus, 1995, p. 16-18. A convocação do Concílio pelo imperador fez com que as decisões ali tomadas ganhassem força de leis imperiais, tendo, portanto, eficácia jurídica. Atenderam, também, ao ideário da Antiguidade, que afirmava ser do imperador a responsabilidade no concernente à religião. Cf., sobre o papel do cristianismo para a unidade do império, DUFFY. *Santos...*, *cit.*, p. 17-19.
31. Cf. PERRONE. De Niceia..., *cit.*, p., p. 19-22.
32. PERRONE. De Niceia..., *cit.*, p. 30.
33. Cf. PERRONE. De Niceia..., *cit.*, p. 33. O epicentro da rejeição ao arianismo estava na afirmação da consubstancialidade (*homoousios*) entre Pai e Filho. Essa fórmula compõe o credo de Niceia, até hoje recitado em celebrações católicas.

Mas havia outro problema. Na época, ainda não se distinguia claramente *ousia* de hipóstase (outro termo fundamental para se entender as origens do conceito de pessoa), podendo, portanto, não se separar, em "individualidades" diversas, Pai e Filho.

Para se resolver, em definitivo, o problema, separou-se, doutrinariamente, *homoousios* de hipóstase. A solução veio de Basílio de Cesareia (330-379 d.C), para quem a *ousia* é uma expressão genérica, enquanto a hipóstase, particular[34]:

> [O] aspecto decisivo de toda a argumentação é que Basílio entende sua fórmula 'uma *ousia*, três hipóstases' em plena continuidade com Niceia. Sobre a mesma linha se colocará, alguns anos depois, o concílio de Constantinopla, de 381, que se apropria da solução[35].

Assim, reafirmou-se a *consubstancialidade* entre Deus e Filho. Ambos partilhavam da mesma *ousia*. Porém, consistiam hipóstases diversas[36].

3.2   A heresia de Nestor

Outra heresia importante para a construção do conceito de pessoa foi a de Nestor (*circa* 381-451 d.C). Para entender o problema posto, é necessário saber que, até o século IV, embora bastante populares, não havia cultos oficiais a Maria, mãe de Jesus.

Como sempre, duas escolas rivalizavam acerca do papel de Maria no cristianismo: a de Antioquia (hoje na Síria), de influência aristotélica, e a de Alexandria, mais ligada ao platonismo.

Nestor, um dos expoentes da escola de Antioquia, irá negar que Maria fosse mãe de Deus. Assim, embora houvesse uma comunhão moral entre o homem e deus, não havia, entre eles, comunhão hipostática, ou seja, havia duas pessoas distintas: deus e homem. Maria não era, portanto, *Theotókos* (θo-$\tau o \kappa o \varsigma$) e sim, meramente, *Anthropotókos* (ou, no máximo, *Chritotókos* – $A\theta\rho\omega\pi o$-$\tau o \kappa o \varsigma$, $X\rho\iota\sigma\tau o$-$\tau o \kappa o \varsigma$), pois "o Verbo divino estava unido a este filho de Maria, não de maneira 'ontológica', mas acidental"[37].

O Concílio de Éfeso (431), dotado muito mais de teor político que propriamente doutrinário, condenou as teses nestorianas[38]. De fato, Maria foi posta como mãe de Deus[39]. Em Cristo, sobreviveram deus e homem, numa única pessoa, de

---

34.   Cf. PERRONE. De Niceia..., *cit.*, p. 53.

35.   PERRONE. De Niceia..., *cit.*, p. 54.

36.   O filho foi gerado pelo Pai e são pessoas diversas; ambos, porém, têm a mesma essência. Considerar o Espírito Santo também como pessoa não foi nada fácil. Tal fato só ocorre por volta de 374 d.C. Cf. PERRONE. De Niceia..., *cit.*, p. 55

37.   FRANGIOTTI. *História*..., *cit.*, p. 74; 128-129.

38.   Cf. PERRONE. De Niceia..., *cit.*, p. 77-83.

39.   Cf. DUFFY. *Santos*..., *cit.*, p. 35. O culto a uma virgem que teria por filho um deus, capaz de milagres é, na verdade, um dos *topoi* mais comuns da Antiguidade. Cf., a esse propósito, ONFRAY. *Tratado*..., *cit.*, p. 102.

forma que todos os atos de Jesus tinham atributos divinos e humanos, ao mesmo tempo[40]. Dessa forma:

> O único e mesmo nosso Senhor Jesus Cristo é proclamado perfeito na divindade e perfeito na humanidade, verdadeiro Deus e verdadeiro homem, consubstancial ao Pai segundo a divindade e consubstancial a nós, segundo a humanidade[41].

4. A OBRA DE BOÉCIO

Após os primeiros concílios ecumênicos e a consequente afirmação dos primeiros dogmas cristãos, o problema pôs-se de outra forma: a do rigor conceitual e filosófico para melhor fundamentação da doutrina da Igreja nascente.

É nesse contexto que surge a obra de Boécio, em especial o já referido opúsculo teológico *Contra Eutychen et Nestorium*[42]. Boécio consolidou o vocabulário acerca da pessoa (*prósopon*), e reafirmou a existência de duas naturezas, em uma só pessoa, para Cristo.

O epicentro da discussão de Boécio, que aqui interessa, está em *Contra Eutychen et Nestorium, I-III*[43].

Em primeiro lugar, Boécio propõe vários conceitos de natureza:

a) o que pode ser apreendido pelo intelecto (acidentes e substâncias)[44];

b) o que pode fazer ou sofrer[45];

c) o princípio do movimento por si, não por acidente[46];

d) diferença específica que informa cada coisa[47].

É essa última concepção de natureza, a correlata a *identidade, individualidade*, que será utilizada por Boécio.

Em seguida, continua o autor nas definições, afirmando[48]:

a) *Ousía* (*ουθια*) = *essentia* (essência) – que existe;

b) *Ousiósis* (*ουθιωσις*) = *subsistentia* (subsistência) – que existe na generalidade;

---

40. Cf. DUFFY. *Santos...*, *cit.*, p. 35.
41. PERRONE. De Niceia..., *cit.*, p. 100.
42. Cf. BOÉCIO. *Escritos...*, *cit.*, *passim*.
43. Cf. BOÉCIO. *Escritos...*, *cit.*, p. 159-168.
44. Cf. BOÉCIO. *Escritos...*, *cit.*, p. 161.
45. Cf. BOÉCIO. *Escritos...*, *cit.*, p. 162.
46. Cf. BOÉCIO. *Escritos...*, *cit.*, p. 162.
47. Cf. BOÉCIO. *Escritos...*, *cit.*, p. 163.
48. Cf. SAVIAN FILHO. Introdução, *cit.*, p. 80.

c) *Hipóstasis* ($\upsilon\pi o\sigma\tau\alpha\sigma\iota\varsigma$) = *substantia* (substância) – que existe na particularidade;

d) *Prósopon* ($\pi o\sigma\omega\pi o\nu$) = *persona* (pessoa) – substância racional.

Assim, o autor cunha a célebre definição de pessoa:

"Substância individual de natureza racional"[49].

O existente humano (*ousía, ousiósis*, essência, subsistência) é uma substância individual (uma *hipóstasis*, substância que existe na particularidade) de natureza racional (*prósopon*, substancial raciona, pessoa).

O conceito mostra que a equivalência entre *pessoa* e *máscara* pode guardar consistência, desde que se pense a máscara como o atributo que realça, no indivíduo humano, a sua condição de substância racional, capaz de *falar, agir, atuar*. Há no ser humano um *suporte* físico, temporal, que se diferencia pela racionalidade e é dotado de individualidade (sua natureza individual).

Tal concepção de pessoa irá predominar durante toda a Idade Média.

4.1 A contribuição fundamental de Tomás de Aquino

Tomás de Aquino, remetendo-se a Boécio, utiliza-se, novamente, da metáfora etimológica, ao afirmar que "o termo *persona* parece derivar das máscaras que representavam personagens humanas nas tragédias"[50].

Tomás alerta que o termo *personare*, em sua origem não é o mais adequado para designar a Deus. No entanto, dada a conotação atribuída por Boécio, a terminologia torna-se possível. A analogia fica ainda mais adequada quando se pensa na ideia de dignidade, como atributo da pessoa:

Pessoa significa o que há de mais perfeito em toda a natureza [...].

[O] termo pessoa veio a designar aqueles que estavam constituídos em dignidade [...]. Pessoa é uma *hipóstase distinta por uma qualidade própria à dignidade*[51].

Tomás, assim, retoma o conceito de *pessoa* fornecido por Boécio (substância individual de natureza racional), mas faz analogia própria entre *indivíduo humano* e *pessoa*, sendo que "o nome pessoa significa a substância"[52].

A analogia entre pessoa divina e pessoa humana também é afirmada por Matta-Machado em obra já referida[53]. Vaz, na mesma linha, escreve:

---

49. BOÉCIO. *Escritos...*, *cit.*, p. 168.
50. *Suma*, I, Q 29, a 3.
51. *Suma*, I, Q 29, a 3.
52. *Suma*, I, Q 29, a 4.
53. MATTA MACHADO. Conceito..., *cit.*, p. 70-78.

CAPÍTULO II • AS ORIGENS DO CONCEITO DE PESSOA   **27**

[F]oi sem dúvida a revelação da pessoa nos mistérios cristológico e trinitário que apontou para o núcleo essencial a partir do qual foi possível pensar a *analogia entre as pessoas divinas e a pessoa humana*[54].

Na tradição teológico-cristã, caracteriza-se o indivíduo, dotado de pessoalidade, pelos atributos de *imanência* (ou interioridade) e *transcendência* (ou abertura)[55]. Da imanência, conclui-se que o indivíduo humano se "autopertence", ou seja, possui autonomia no nível ôntico. Como decorrências lógicas, a pessoa humana é dotada de liberdade e responsabilidade pelos seus atos. Por ter pessoalidade, deve ser vista como fim em si mesma, ou ter "perseidade", para usar a expressão de Garcia Rubio[56]. Dessa forma, a pessoa humana não é coisa, não é objeto. Outra característica é sua transcendência, ou sua "abertura". O indivíduo humano realiza-se na "abertura" para o mundo e para o outro, seu semelhante. Não podendo viver isoladamente, tem sua personalidade exercida perante outros indivíduos. De uma maneira geral, para a teologia cristã, a personalidade garante o exercício da liberdade e da autofinalidade, que se realizam na relação, no diálogo e no encontro com outros *indivíduos pessoais* (inclusive Deus!):

> Esse foco primeiro da inteligibilidade da analogia da pessoa ilumina definitivamente o centro mais íntimo da natureza da pessoa humana que é – ou deve ser – na unidade de um mesmo existir ou no movimento de sua *realização*, a inviolável identidade do *em-si* (estrutura) e a radical abertura *para-o-outro* (relações)".[Na] experiência de nosso existir pessoal tem lugar [...] a síntese final da *interioridade* e da *exterioridade* como *dialética construtiva do nosso ser-no-mundo*[57].

5. DEUS COMO BEM SUPREMO E ÚNICO

Outro ponto cardinal no entendimento do estatuto da pessoa, durante a Idade Média, será a ideia de *Bem* e, por conseguinte, de *vida boa*. O pensamento medieval tratará o Bem em um viés *ontológico* e *metafísico*, calcado nas noções de divindade e de conexão entre a pessoa natural e a pessoa divina.

Um dos textos mais expressivos será a obra de Agostinho, "Natureza do Bem" (*De Natura Boni Contra Manichaeus*, *circa* 400 d.C.)[58], que se insere no mesmo contexto de debates do cristianismo primitivo. Vai de encontro à visão de mundo dos *Maniqueus*, outra influente seita religiosa da época.

---

54. VAZ. *Antropologia...*, *cit.*, p. 206. Grifou-se.
55. Cf. GARCIA RÚBIO, Alfonso. *Unidade na Pluralidade: O Ser Humano à Luz da Fé e da Reflexão Cristãs.* 3. ed. São Paulo: Paulus, 2001, p. 307-311.
56. Cf. GARCIA RÚBIO. *Unidade...*, *cit.*, p.308.
57. VAZ. *Antropologia...*, *cit.*, p. 206. Grifou-se.
58. Cf. AGOSTINHO. *A Natureza do Bem* [De Natura Boni Contra Manichaeus]. Ed. bilíngue, trad. Carlos Ancêde Nougué. 2. ed. Rio de Janeiro: Sétimo Selo, 2006, *passim*.

A ideia de um universo maniqueísta data do zoroastrismo (*circa* século III a.C., original da Mesopotâmia), que concebia o mundo através de dois princípios básicos: o Bem e o Mal. O amálgama entre maniqueísmo primitvo e traços teológicos do cristianismo deu origem a essa teologia dos maniqueus. Logo no início de sua argumentação, Agostinho contesta a existência de dois princípios fundadores da natureza – o Bem e o Mal. Afirma o autor:

> Deus é o bem supremo, acima do qual não há outro: é o bem imutável e, portanto, verdadeiramente eterno e verdadeiramente imortal. Todos outros bens provêm d'Ele [...]. Ele é também sumamente justo[59].

Toda a criação provém de Deus, a origem única de tudo e todos. Somente Deus existe *ex nihilo*, distinto de todas as naturezas. É um ser de *transcendência absoluta*, o único independente de tudo. Ora, se tudo provém de Deus e Deus é o Bem Absoluto, a decorrência lógica é que toda natureza é boa! Assim, afirma Agostinho:

> [T]oda e *qualquer natureza* enquanto natureza *é sempre um bem* – não pode provir senão do supremo e verdadeiro Deus, porque o ser de todos os bens, tanto os que pela sua excelência se aproximam do Sumo Bem como os que pela sua simplicidade se afastam d'Ele, não pode provir senão do Sumo Bem [...]. *Toda e qualquer natureza, espírito ou corpo, é boa em si mesma*[60].

Do exposto, decorre que o Mal é a privação do Bem, ou a corrupção da própria natureza[61]. Tudo no mundo pode corromper-se, exceto o Bem Supremo, que é Deus, incorruptível[62].

Todas as criaturas participam, em menor ou maior grau, da bondade de Deus. Também o homem, em sua existência, busca sua bondade no Bem Supremo. Mais que isso, tem a capacidade de escolher o bem, de modo a não se corromper. É dotado de *livre-arbítrio*, para se identificar com o Bem, e a Verdade. Cabe a ele o privilégio (e a dor) de escolher entre o caminho do Bem ou o do Mal:

> Tal dom é concedido por Deus às criaturas mais excelentes, a saber, os *espíritos racionais*, que, se o quiserem, *podem subtrair-se à corrupção*; ou seja, se se conservam em perfeita obediência ao Senhor seu Deus, permanecem unidos à sua incorruptível beleza; se, todavia, não querem conservar-se nessa obediência *sujeitam-se voluntariamente à corrupção do pecado*[63].

O conceito de vida boa, portanto, é identificado com viver segundo os desígnios de Deus. O homem pode escolher o Bem e partilha, necessariamente, da bondade de Deus, pois é sua criação. Se, no entanto, priva-se de Deus, sofrerá as

---

59. AGOSTINHO. *A Natureza...*, *cit.*, p. 3.
60. AGOSTINHO. *A Natureza...*, *cit.*, p. 4-5. Grifou-se.
61. Cf. AGOSTINHO. *A Natureza...*, *cit.*, p. 7
62. Cf. AGOSTINHO. *A Natureza...*, *cit.*, p. 9.
63. AGOSTINHO. *A Natureza...*, *cit.*, p. 11. Grifou-se.

CAPÍTULO II • AS ORIGENS DO CONCEITO DE PESSOA

diversas formas de mal: físico, moral e espiritual. Para buscar o Bem, o homem, ser racional, deve moderar o apetite dos sentidos[64].

6. A TENSÃO ENTRE *CORPO HUMANO* E *ALMA* NA IDADE MÉDIA

As noções de *prósopon* e pessoa, na Antiguidade Tardia, não envolviam, diretamente, a noção grega de *physis*. Qual seria a visão dominante na Idade Média Ocidental acerca do corpo humano?

Pode-se afirmar, em especial pelas obras de Tomás de Aquino, que se entendia haver profunda interação entre corpo e alma, ou seja, a alma une-se ao corpo num único existir. Forma substancial do corpo, a alma está *toda no corpo e toda, em cada uma das suas partes*[65]. Mas, mesmo que se parta da indissociabilidade entre corpo e alma durante a vida terrena, o cristianismo medieval irá tratar ambas entidades como dicotômicas. Ainda que não incompatíveis, haverá sempre a contraposição entre "carne, perecível, e alma, entidade espiritual incorporal e imortal"[66]. Será a alma que fará a interseção entre o homem carnal e o homem espiritual, que comunga suas mais nobres qualidades com Deus[67].

A alma infundida em cada homem, no momento de sua concepção, confere-lhe *singularidade*. E, se o corpo advém da procriação carnal, a alma só pode proceder de Deus:

A concepção de origem da alma contribui, então, para a individualização da pessoa cristã, que se completa em uma relação de estrita dependência com relação a Deus[68].

Se é no momento da concepção que a alma é infundida por Deus, será na morte que ela abandonará o corpo. Ao deixá-lo, há uma "despessoalização" de corpo e alma, que perdem sua individualidade[69]. Apesar de sobreviver, por ser imortal, a alma desencarnada não é mais singular e não mais pode ser chamada por um nome. Para se definir a pessoa humana segundo o pensamento medieval, são necessários a *alma* e o *corpo*.

Tome-se a seguinte iluminura, retirada do *Codex Aureus Epternacensis*, do século XI.

---

64. Cf. SILVEIRA. Sidney. Apresentação. In: AGOSTINHO. *A Natureza...*, *cit.*, p. x.
65. RASSAM, Joseph. *Tomás de Aquino*. [Thomás d'Aquin]. Trad. Isabel Braga. Lisboa: Edições 70, 1969, p. 49 *et seq.*
66. BASCHET, Jérôme. *A Civilização Feudal: Do Ano 1000 à Colonização da América* [La civilization feódale – de l'an mil à la colonization de l'Amérique]. Trad. Marcelo Rede. São Paulo: Globo, 2006, p. 410.
67. Cf. BASCHET. *A Civilização...*, *cit.*, p. 411.
68. BACHET. *A Civilização...*, *cit.*, p. 413.
69. Cf. BASCHET. *A Civilização...*, *cit.*, p. 413.

Figura 1: Representação da parábola "O Rico e O Mendigo"[70].

---

70. *Codex Aureus Epternacensis*, Folio 78 Recto, c. 1030. Nuremberg, Germanisches Nationalmuseum, Hs. 156142.

A imagem é uma alusão à conhecida parábola de *O Rico e o Mendigo*, presente no Evangelho de Lucas[71]. Lázaro, mendigo chagado, tem sua alma salva, após a morte, pelos anjos, e conduzida ao paraíso. Lá, resta "no seio de Abraão". Já o rico irá ter sua alma em eterna purgação, no inferno, junto ao próprio demônio acorrentado.

Nota-se, da gravura, como a alma é retirada pela boca do morto, representação recorrente durante toda a Idade Média. A alma tem a forma de homúnculo, nu, e possivelmente assexuado. Curiosamente, Abraão é representado em dimensões maiores, possivelmente humanas, e está completamente vestido – melhor dizendo, pessoalizado.

A representação demonstra a imortalidade da alma e a trata como sem identidade: após a morte do corpo, não há mais ricos ou pobres, doentes ou sadios, belos ou feios. Apenas haverá a separação entre os que habitam o paraíso e os que habitam o inferno.

É pela alma que há a reunião entre homem e Deus. Corpo e alma comunicam-se num único existir. Porém, há "uma *união hierárquica* (a alma domina o corpo) e *dinâmica* (*através dessa submissão, o corpo eleva-se e torna-se conforme a alma*)"[72].

Se o corpo é uma dádiva dos pais, a alma é obra de Deus. Criada no momento da concepção, e infundida no corpo humano, confere o *status* de *pessoa* ao ser que irá existir.

A ascendência da alma sobre o corpo foi o fio condutor de várias práticas no Ocidente Medieval. O corpo, prisão da alma, embora imprescindível para a pessoa humana, deve ser controlado e mesmo reprimido. Todo o culto à corporeidade, típica do Ocidente Greco-Romano irá desaparecer. O sexo tornar-se-á tabu, e mesmo o pecado original foi identificado com o pecado sexual[73]. Desapareceram os ginásios, os teatros, os banhos. A homossexualidade será fortemente condenada. A mulher, demonizada[74]. O sexo só permitido para procriar[75]. A renúncia ao corpo e sua martirização constituem mote na época.

---

71. Cf. Lc, 16, 19-31.
72. BASCHET. *A Civilização...*, *cit.*, p. 419.
73. Cf. LE GOFF, Jacques & TRUONG, Nicolas. *Uma História do Corpo na Idade Média* [Une histoire du corps au Moyen Âge]. Trad. Marcos Flamínio Peres. Rio de Janeiro: Civilização Brasileira, 2006, p. 37.
74. Cf. SZASZ, Thomas S. *A Fabricação da Loucura* [The Manufacture of Madness]. Trad. Dante Moreira Leite. 3. ed. Rio de Janeiro: Zahar, 1978, p. 19 *et seq.*
75. Cf. RICHARDS, Jefrey. *Sexo, Desvio e Danação* [Sex, Dissidence and Damnation]. Trad. Marco Antonio Esteves da Rocha & Renato Aguiar. Rio de Janeiro: Jorge Zahar Editor, 1993, *passim.*

7. BALANÇO DA ÉPOCA

O estatuto da pessoa humana (em linguagem mais técnica, pessoa natural), teve suas bases fundamentais na Antiguidade Tardia. Seu refinamento, por outro lado, ocorreu já na Baixa Idade Média. Fica claro, a partir do estudo, que as bases teóricas para a elaboração do conceito de pessoa humana deu-se por analogia ao conceito de pessoa divina.

Após a análise das obras de Boécio e Tomás de Aquino (que podem ser postas em continuidade), fica claro que a pessoa é composta de uma espécie de suporte (*hipóstase*, no grego, e de mesma matriz de significância, *substare, subjectum*, no latim), que, por sua vez é racional (*prósopon*, no grego, e *persona*, no latim, valendo-se da já comentada terminologia de Boécio). A natureza infundida, presente no suporte confere *individualidade* e *singularidade* à pessoa humana, fazendo-a um ser único. Há que se notar que esse suporte, essa substância é diversa da *physis* grega, não sendo material.

A pessoa possui, sempre, três dimensões: uma *imanência*, ou seja, tem existência própria independente de outros seres; se auto-possui. No entanto, tem *transcendência*, isto é, é aberta ao mundo e a outros seres, em especial a outras pessoas (humanas e divinas). Finalizando, a pessoa tem *dignidade* ínsita, representando, como já se afirmou, o mais digno ser da natureza.

O conceito de *vida boa*, ou vida que vale ser vivida, por toda a Alta e Baixa Idade Média está profundamente imbricado com Deus, fonte única e suprema de Bem. O *ethos* medieval repugnava qualquer manifestação de individualidade que fugisse ao padrão teológico.

O corpo humano, na Idade Média, era tratado com desconfiança. Os sentimentos carnais foram expurgados e reprimidos, especialmente pela Inquisição.

Será só no fim da Idade Média que tal pensamento mudará, para aquilo que pode ser chamado de "giro antropocêntrico". Uma nova leitura da pessoa humana, que radicalizará, inclusive, a materialidade do corpo e a negação de sua transcendência com o divino, será feita.

Esta fase é objeto do próximo capítulo.

Capítulo III
PESSOA NATURAL, ILUMINISMO E RUPTURAS

1. INTRODUÇÃO

Os períodos de Alta e Baixa Idade Média foram fundamentais para a criação mais elaborada do conceito de pessoa natural. Nesse espaço de tempo, a vinculação entre os conceitos de vida boa e divindade fez-se patente.

O pensamento medieval também desprezou a *corporeidade* da pessoa humana, sua composição biofísica. Havia uma total ignorância acerca do corpo humano. Outra conquista da Modernidade e, em especial, do Iluminismo, será, então, descobrir o "próprio corpo".

A ruptura com a divindade e a descoberta da corporeidade da pessoa humana serão tema deste capítulo.

2. A MENTALIDADE DEÍSTA DOS SÉCULOS XV, XVI E XVII

Mesmo com o ocaso da Idade Média, não é de se surpreender que, para os pensadores do início da Modernidade, era quase impossível pensar a concepção moral de *vida digna* sem remissão a Deus[1]. A divindade era vista como *constitutiva* da pessoa humana, na medida em que, na época, "todas as fontes morais dignas de confiança envolvem Deus"[2].

Um dos mais representativos pensadores da transição entre a Pré-Modernidade e a Modernidade é Pico Della Mirandola (*Giovanni Pico Della Mirandola, Conte de Concordia*, 1463-1496). Sua obra, Discurso sobre a Dignidade do Homem (*Oratio de Hominis Dignitate*, 1496), pode ser tomada como referência do Primeiro Humanismo.

---

1. Cf. Charles. *Sources of the Self: The Making of the Modern Identity*. Cambridge: Harvard University Press, 1989, p. 310-311. Há versão em português: Cf. TAYLOR, Charles. *As Fontes do Self: A construção da identidade moderna* [Sources of the Self: the Making of the Modern Identity]. Trad. Adail Ubirajara Sobral & Dinah de Abreu Azevedo. São Paulo: Loyola, 1997.
2. TAYLOR. *The Sources...*, *cit.*, p. 311.

A obra de Mirandola apresenta, nitidamente, traços de teologia e filosofia. O Conde de Concórdia propôs-se a reunir todo o conhecimento da época. Para tanto, valia-se da *ratio philosophica* e da *ratio theologica*, "sem que entre elas se estabeleça uma relação de dependência, de subordinação uma à outra, mas antes de cooperação, de harmonia"[3].

Verifica-se, também, há claros elementos de Modernidade em sua Obra[4]. O caráter humanista dela é patente: busca, de forma inequívoca, a apologia dos valores e conhecimentos do homem, colocando-o no epicentro do Universo e das atenções. Tal já pode ser percebido já na abertura da *Oratio*: "Li nos escritos árabes [...] que *nada via de mais admirável* que o *homem*"[5].

Contudo, sua maior afirmação parece ser o reconhecimento da *autonomia* que a pessoa humana tem de "poder ser o que quiser". Dotada, por Deus, de livre--arbítrio, podendo escolher seu próprio destino como bem entender. Na *Oratio*, Mirandola descreve uma suposta afirmação de Deus aos homens:

> A natureza bem definida dos outros seres é refreada por leis por nós prescritas. Tu, pelo contrário, não constrangido por nenhuma limitação, determina-las-á para ti, segundo o teu arbítrio, a cujo poder te entreguei [...]. [És] *árbitro e soberano artífice de ti mesmo*.

Note-se: a dignidade do homem deve ser perseguida por ele mesmo! Ele pode ser aquilo que bem entender, pois não está sujeito nem ao determinismo natural, nem ao arbítrio alheio. Razão, Liberdade e Ser conjugam-se, dando forma e sentido ao homem[6].

A contemporaneidade dessas assertivas de Mirandola é incontestável. A esse respeito, escreve Canotilho:

> O que é ou que sentido tem uma República baseada na dignidade da pessoa humana? A resposta deve tomar em consideração o princípio material subjacente à ideia de dignidade da pessoa humana. Trata-se do *princípio antrópico* que acolhe a ideia pré-moderna e moderna da *dignitas-hominis* (*Pico Della Mirandola*), ou seja, o indivíduo conformador de si próprio e da sua vida segundo o seu próprio projeto espiritual (*plastes et fictor*)[7].

Nessa linha, afirma-se que a pessoa humana pode ser o que bem entender, sendo fadada ao livre arbítrio. No entanto, a liberdade não deixa de ser uma dádiva divina, uma *concessão* aos homens. Deus é necessário para se justificar a

---

3. SIRGADO GANHO, Maria de Lurdes. Acerca do Pensamento de Giovanni Pico della Mirandola. In: PICO DELLA MIRANDOLA, Giovanni. *Discurso sobre a Dignidade do Homem* [Oratio de Hominis Dignitate]. Ed. bilíngue, trad. Maria de Lurdes Sirgado Ganho. Lisboa: Edições 70, 1998, p. 12.
4. Cf. SIRGADO GANHO. *Acerca...*, *cit.*, p. 13.
5. PICO DELLA MIRANDOLA, Giovanni. *Discurso sobre a Dignidade do Homem* [Oratio de Hominis Dignitate]. Ed. bilíngue, trad. Maria de Lurdes Sirgado Ganho. Lisboa: Edições 70, 1998, p. 49. Grifou-se.
6. Cf. SIRGADO GANHO. *Acerca...*, *cit.*, p. 27. Grifou-se.
7. GOMES CANOTILHO. *Direito...*, *cit.*, p. 221.

CAPÍTULO III • PESSOA NATURAL, ILUMINISMO E RUPTURAS

autonomia da pessoa. A orientação para o Bem, ou para a vida boa é dada pela busca da divindade, pois "a recondução do homem a Deus dá-se por via da ética e sua liberdade dá-se como *imago Dei*"[8].

O homem de Mirandola é um ser intermediário entre natureza (animais e plantas) e anjos. Pode pairar sobre o mundo natural, de vegetais e bestas[9]. Contudo, se ele se orientar ao Bem Divino, aproximar-se-á de Deus, podendo comungar de sua inteireza[10].

Assim, a autonomia (ou livre arbítrio, na expressão quatrocentista) apresenta a possibilidade de a pessoa humana se autoconduzir para sua realização no Bem, que já está pré-determinado por Deus. Aproximar-se da divindade, exercer a racionalidade e expurgar a ignorância são as grandes buscas que levam o homem à dignidade.

Mirandola pode ser tido como um dos melhores representantes do Primeiro Humanismo. Esboça, em traços fortes, alguns pilares da Modernidade: a liberdade e a dignidade da pessoa humana. Por outro lado, não se desvencilha da ideia de Deus quando produz sua teoria. Há, portanto, fortes traços de antropocentrismo e teocentrismo, convivendo em concórdia.

A filosofia iluminista, ao contrário, tentou romper, radicalmente, com os matizes teológicos. A busca pela compreensão da pessoa humana pela ciência foi uma das grandes aspirações do Iluminismo. Buscou-se engendrar a pessoa em termos estritamente científicos. Em fins do século XVIII e na primeira metade do século XIX, houve tentativas de delinear as diversas áreas do conhecimento humano à luz das ciências naturais. Segundo Habermas:

> [O] modelo de racionalidade [foi] oferecido pelas ciências matemáticas da natureza. O núcleo dessas é constituído pela Física de Newton. Esta descobriu o verdadeiro método de estudo da natureza: observação, experimentação e cálculo[11].

A ciência natural era vista como a forma de conhecimento mais aceitável, na medida em que se forjou segundo um modelo mecanicista e estável:

> O único fundamento da crença nas ciências naturais é a ideia de que as leis gerais, conhecidas ou ignoradas, que regulam o universo são *necessárias* e *constantes*[12].

---

8. SIRGADO GANHO. Acerca..., *cit.*, p. 29.
9. Cf. PICO DELLA MIRANDOLA, Giovanni. *Heptaplus*. Trad. Adolfo Ruiz Dias. Buenos Aires: Universidad de Buenos Aires, 1998, p. 176-203 et *passim*. Nesse texto, Mirandola deixa claro que a liberdade dos homens fora condicionada pelo ocorrido no Éden bíblico. Cf. McMAHON. *Felicidade...*, *cit.*, p. 160.
10. Cf. PICO DELLA MIRANDOLA. *Discurso...*, *cit.*, p. 53.
11. HABERMAS. *Teoría...*, *cit.*, p. 200.
12. CONDORCET. Bosquejo de un cuadro histórico de los progresos del espíritu humano [Esquisse d'une tableau historique des progrès de l'esprit humain]. Trad. Francisco Gonzáles Aramburo. In: GONZÁLES ARAMBURO, Francisco (Org.). *Bosquejo de un cuadro histórico de los progresos del espíritu humano y otros textos*. México: Fondo de Cultura Económica, 1997, p. 186. Grifou-se.

A filosofia mecanicista de Descartes (1596-1650), a estática e a cinemática de Torricelli (1608-1647), a empiria como fundamento da ciência de Galileu (1564-1642), influenciaram, sobremaneira, vários médicos-filósofos, em especial de Inglaterra, Holanda e França. Todos, de uma forma ou de outra, utilizaram-se do paradigma das ciências naturais com vistas a estudar o ser humano. Chegou-se, mesmo, a compará-lo com uma "máquina hidráulica"[13].

Mas, o que aqui se pode denominar *Iluminismo Radical*, foi além desses precursores: a filosofia de Descartes, por exemplo, não expurgou, totalmente, a dialética mente-matéria[14], nem expungiu, do conhecimento científico, a influência da teologia; Newton afirmou que Deus era a causa última da gravidade[15]. De maneira geral, "Newton considerava seu trabalho um testemunho da glória de Deus, e nenhum admirador do século XVIII teria discordado disso"[16].

O conhecimento dos séculos XVI, XVII e mesmo XVIII, como regra, *alicerçava-se*, em *última instância*, na *teologia*. Buscava-se afirmar a Divina Providência.

A vivência religiosa cotidiana, e a sacralização da vida pública e privada foram muito mais acentuadas nos Estados que não sofreram a Reforma. Portugal pode ser tomado como exemplo. Na verdade, houve uma "estreitíssima relação entre os poderes espiritual e temporal em Portugal [...]"[17]. Não poderia ter sido diferente: os descobrimentos portugueses, à época das Grandes Navegações, foram, sobremaneira, impulsionados pela Ordem Militar de Nosso Senhor Jesus Cristo[18].

De modo geral, toda a expansão ultramarina portuguesa quinhentista teve apoio financeiro de ordens religiosas[19]. A esse respeito, é, no mínimo, curiosa, a asserção de Casas Noronha:

> As velas das embarcações portuguesas que atravessaram o Atlântico, enfunadas pelo vento, levavam cruzes. Era a antiga cruz dos templários, com uma nova cruz, branca, no seu centro. Era a cruz da Ordem de Cristo. Isto, para o homem de hoje, significa *sponsoring*. É, certamente, um indício notável de financiamento das expedições pela Ordem[20].

A maneira de pensar e viver, calcada na religião, persistiu, com enorme vigor, entre os portugueses, mesmo à época do Iluminismo. As luzes não pare-

---

13. STAUM, Martin S. *Cabanis: Enlightenment as Medical Philosophy in the French Revolution*. Princeton: Princeton University Press, 1989, p. 55-56.
14. Cf. STAUM. *Cabanis...*, *cit.*, p. 56.
15. Cf. STAUM. *Cabanis...*, *cit.*, p. 21.
16. NEIMAN, Susan. *O Mal no Pensamento Moderno* [Evil in modern thought]. Trad. Fernanda Abreu. Rio de Janeiro: Bertrand Brasil, 2003, p. 44.
17. CASAS NORONHA, Ibsen José. *Aspectos do Direito no Brasil Quinhentista: Consonâncias do Espiritual e do Temporal*. Coimbra: Almedina, 2005, p. 11.
18. Cf. CASAS NORONHA. *Aspectos...*, *cit.*, p. 24.
19. Cf. CASAS NORONHA. *Aspectos...*, *cit.*, p. 27.
20. CASAS NORONHA. *Aspectos...*, *cit.*, p. 40.

cem ter chegado à Península Ibérica, onde persistiu a índole pré-moderna do Estado-Nação:

> No restante do continente europeu guardava-se uma imagem um tanto negativa do reino lusitano; muitas vezes, escritores racionalistas recorriam ao caso português quando queriam fazer troça ou falar mal da religiosidade popular[21].

Essa mentalidade estendeu-se ao território brasileiro. Pode-se afirmar que a mentalidade setecentista portuguesa era a mesma da população brasileira[22]. De tal forma era inexpurgável a presença de Deus, para o ser humano, que o "Mal Natural" era tido como decorrência do "Mal Moral".

Na mesma época, Leibniz (1646-1716) escreveu uma obra e a nomeou *Teodiceia*. Nela, arrazoou, sob forma jurídica, a defesa de Deus pelos males que porventura ocorressem no mundo, que, dentre as miríadas de combinações entre Bem e Mal, era considerado o "melhor dos mundos possíveis"[23].

Um acontecimento desencadeou enormes discussões sobre as continuidades e rupturas entre o Mal Moral e o Mal Natural: O terremoto de Lisboa (1755).

À época, os debates acerca da correlação Mal Natural/Mal Moral foram acirrados pelo terror gerado pelo terremoto, com resultados extremamente prolíferos. No fundo, o grande problema foi equacionar a correlação entre Mal e Natureza. Se, hoje, os dois termos remetem a âmbitos plenamente diversos, tal não era, ressalte-se, o pensamento na Europa Setecentista, já que "a ciência era vista não como rival, mas como *serva* da fé"[24].

Um tanto peculiar foi a reação intelectual de Kant (1724-1804) acerca do tema.

Nos seus escritos sobre o fatídico terremoto de 1755, o filósofo alemão assumiu uma postura que, só inicialmente, parece conservadora e pré-moderna. Não negou os matizes teológicos na explicação dos fenômenos naturais:

> Será, sem dúvida, por graça da Providência que permanecemos intocados pelo terror de um destino que preocupação nenhuma de nossa parte poderia, de alguma forma, impedir[25].

Essa postura, aparentemente, em nada difere dos muitos escritos da época, gerados como reação lamurienta ao terremoto.

---

21. SCHWARCZ, Lilia Moritz. *A Longa Viagem da Biblioteca dos Reis: Do Terremoto de Lisboa à Independência do Brasil*. São Paulo: Companhia das Letras, 2002, p. 87.
22. Cf. VALADARES, Virgínia Trindade. *Elites Mineiras Setecentistas: Conjugação de Dois Mundos*. Lisboa: Edições Colibri/Instituto de Cultura Ibero-Atlântica, 2004, *passim*.
23. Cf. NEIMAN. *O Mal...*, *cit.*, p. 31.
24. NEIMAN. *O Mal...*, *cit.*, p. 42. Grifou-se.
25. KANT, Immanuel. *Escritos sobre o Terramoto de Lisboa*. Coimbra: Almedina, 2005, p. 42.

Kant, porém, já apontou para a redução, a causas naturais, de todos os desastres, ainda que com recurso à Providência. Em outras palavras, a mais simples ventania ou o mais ciclópico terremoto tem a mesma origem, e pode ser mensurado através do desvelamento das leis da natureza – vista, não de forma estática e imutável, mas sujeita a manipulações e à cognição pelo homem. Cabe à humanidade assumir o seu papel ativo ante o mundo, através de seu potencial. Nesse trecho, Kant insinuou que, conhecendo a natureza, revelar-se-iam os desígnios da Providência...! Demonstrou, mesmo, uma certa impaciência, e condena a posição passiva da humanidade ante os desastres naturais:

> [A Maioria das pessoas, face a fenômenos como o terremoto de Lisboa, não age com base na experiência]. *O pavor lhes rouba a capacidade de reflexão*, julgam ver, nestes casos de desgraça tão generalizada, um mal de tipo completamente diferente daqueles contra os quais é lícito tomar precauções, imaginando então que podem suavizar a dureza do destino se se submeterem *cega* e *resignadamente* aos *favores e desfavores do céu*[26].

Kant não se furta a buscar, na cognição, no controle e manipulação da natureza, formas de se evitar tragédias desse tipo:

> Mesmo os mais terríveis instrumentos de martirização do gênero humano, caso dos tremores de terra, dos mares enfurecidos [...] não são menos obras de Deus – enquanto consequência direta de leis eternas inscritas na Natureza – do que outras já habituais causas de moléstia, que só consideramos mais naturais por com elas estarmos mais familiarizados[27].

Nesses escritos, o autor tentou buscar explicações científicas e racionais para os terremotos, com base nas teorias da época. Seja apontando cavernas subterrâneas, seja afirmando a existência de vapores que brotam no subsolo, as justificativas eram sempre "naturais", terrenas, racionais e embasadas na experiência. Curiosamente, Kant chegou a antecipar a teoria da propagação dos abalos sísmicos por terra e águas, afirmando que se devem evitar construções no raio de ação dessas ondas sísmicas[28].

Há, assim, uma recusa da postura passiva do homem perante a natureza e a busca da compreensão dos desastres por vias experimentais, quase se desvencilhando da ideia que apregoava a correlação entre mal moral e mal natural.

De qualquer modo, o papel de teóricos, que podem ser chamados de *deístas* (Descartes, Leibniz etc., paralelamente aos textos de Kant sobre o tema), foi fundamental para a concepção de pessoa humana desconectada, quase plenamente, da teologia moral:

---

26. KANT. *Escritos...*, *cit.*, p. 45. Grifou-se.
27. KANT. *Escritos...*, *cit.*, p. 55.
28. Cf. KANT. *Escritos...*, *cit.*, p. 70.

O deísmo aparece como o primeiro passo no caminho que depois levaria ao Iluminismo descrente de figuras como Helvétius, Bentham, Holbach e Condorcet. Além deles, o caminho parece levar à cultura secular moderna[29].

3. ILUMINISMO E AUTONOMIA

O grande traço do pensamento Iluminista foi a ênfase na Liberdade e na autonomia da vontade. Rousseau, por exemplo, afirmou, em "Emílio", que o grande papel da educação é conduzir a pessoa humana para a autonomia[30].

Mas foi Kant o grande pensador da autonomia, defendendo-a como modelo moral para todos, sob o espectro da igualdade[31]. Defendeu que a autonomia da pessoa advém de sua liberdade transcendente.

Em seu texto, "Resposta à Pergunta: Que é o Iluminismo?", opõe-se à ideia de dependência da autoridade de quem quer que seja, pois isso seria incompatível com a pessoa, vista como agente livre: "*Sapere aude!* Tem a coragem de te servires do teu próprio entendimento!"[32].

Além, apontou o caminho para o eudemonismo:

A liberdade como homem cujo princípio [é basilar] para a constituição de uma comunidade, eu exprimo na fórmula: *Ninguém me pode constranger a ser feliz à sua maneira* [...], *mas a cada um é permitido buscar a sua felicidade pela via que lhe parecer boa* [...][33].

O epicentro da autonomia, sob o olhar kantiano, é a *crítica*. Ela deve ser exercida em todas as situações da vida: é o processo de saída da imaturidade, ou seja, a repulsa a autoridades em áreas que clamam pelo uso da razão:

É tão cômodo ser menor. Se eu tiver um livro que tem entendimento por mim, um diretor espiritual [...], um médico que por mim decida a dieta etc., então não preciso de eu me esforçar[34].

Todos devem buscar a saída do estado de menoridade moral, pois indivíduo e comunidade arcam com o ônus e gozam dos benefícios da "maioridade". A *crítica* assume também papel positivo: o apontamento mais sólido do que deve ser um *ethos* filosófico e da própria vida em sociedade.

---

29. TAYLOR. *The Sources* ..., *cit.*, p. 308-309.
30. ROUSSEAU, Jean Jacques. Emílio, ou, Da Educação [Émile ou De L'Éducation]. Trad. Roberto Leal Ferreira. 3. ed. São Paulo: Martins Fontes, 2004, *passim*.
31. Aqui se utilizaram ideias desenvolvidas em: STANCIOLI. *Relação Jurídica Médico-Paciente*. Belo Horizonte: Del Rey, 2004, p. 27-32.
32. KANT, Immanuel. Resposta à Pergunta: Que é o Iluminismo? Trad. Alexandre Morão. In: MORÃO, Alexandre (Org.). *A Paz Perpétua e Outros Opúsculos*. Lisboa: Edições 70, 1995, p. 11.
33. KANT, Immanuel. Sobre a Expressão Corrente: Isto Pode Ser Correto na Teoria, mas Nada Vale na Prática. Trad. Alexandre Morão. In: MORÃO. *A Paz...*, cit., p. 75. Grifou-se.
34. KANT. Resposta..., cit., p. 12.

Foucault, em comentários às lições de Kant, evidenciou três consequências do exercício da crítica: a) deve-se romper com o passado de menoridade e negligência com a razão; b) o presente deve ser interrogado como tentativa de previsão do que está por vir; e, por fim, c) o presente deve ser visto como a aurora de um novo tempo[35].

Em "A Fundamentação da Metafísica dos Costumes", Kant deixou claro o papel de *dever* que a humanidade tem que seguir[36]. Nessa obra, o autor buscou um fundamento para a teoria dos costumes, ou, mais precisamente, os *alicerces da ética*. Para tanto, tomou como ponto de partida o conceito de boa vontade. No decorrer da argumentação, utiliza-se das concepções de imperativo hipotético e imperativo categórico.

O *imperativo hipotético* é imposto à vontade, quando esta se acha voltada para fins práticos, ou seja, tem por teleologia a utilidade da vontade. Esse imperativo é contingente e subjetivo.

Já o *imperativo ético categórico* busca a vontade boa em si mesma. Aqui, ela independe de qualquer motivação prática. Trata-se, portanto, de um imperativo apodítico, ou seja, não necessita de qualquer evidência empírica para se fundamentar. Válido para todo ser racional, é o "dever que contém em si a boa vontade"[37]. Em outras palavras, a boa vontade existe quando se age segundo o imperativo ético categórico, que deve, ainda, valer para toda a humanidade, para todo ser racional.

Qual seria essa *lei válida e universal*, que representa o dever em si, e infensa a qualquer contestação empírica? Kant afirmou:

> O imperativo categórico é portanto só um único, que é este: Age apenas segundo uma máxima tal que possas ao mesmo tempo querer que ela se torne uma lei universal[38].

Tal lei dispensa demonstração empírica e traduz a vontade boa em si, além de ser válida para todo ser racional. Tem dois requisitos: a) a motivação para se agir segundo um dado valor universalizável, deve partir de uma vontade plenamente livre[39]; b) deve-se tomar todo ser racional como capaz de agir segundo o imperativo categórico.

> Admitindo porém que haja alguma coisa cuja existência em si mesma tenha valor absoluto e que, como fim em si mesmo possa ser a base de leis determinadas, nessa coisa e só nela é que estará a base de um imperativo categórico, quer dizer, uma lei prática.

---

35. Cf. FOUCAULT, Michel. What is Enlightenment. Transl. Catherine Porter. In: RABINOW, Paul. *The Foucault Reader*. New York: Pantheon Books, 1984, p. 32-50.
36. KANT, Immanuel. *Fundamentação da Metafísica dos Costumes* [Grundlegung zur Metaphysik der Sitten]. Trad. Paulo Kintela. Lisboa: Edições 70, 2005, *passim*.
37. KANT. *Fundamentação...*, *cit.*, p. 26.
38. KANT. *Fundamentação...*, *cit.*, p. 59.
39. Cf. KANT. *Fundamentação...*, *cit.*, p. 61.

> Ora, digo eu – O Homem e, duma maneira geral, todo ser racional, existe como fim em si mesmo, não como meio para uso arbitrário dessa ou daquela vontade[40].

Assim, para se agir segundo um valor ético universal, deve-se tomar todo ser racional como fim em si mesmo, ou seja, dotado de valor intrínseco (ao contrário dos objetos, que têm valor extrínseco e que existem para serem instrumentalizados). Esses seres racionais são, exatamente, as pessoas: "os seres racionais se chamam *pessoas*, porque sua natureza os distingue como *fins em si mesmos*"[41].

Para Kant, a consecução de valores universais, que traduzam a boa vontade em si, parte do princípio que toda pessoa é um legislador universal em potencial, ou seja, todos devem exercer a autonomia na criação de normas, tendo como base que todas as outras pessoas são livres para também fazê-lo[42]:

> [U]ma vontade legisladora universal [...] conviria perfeitamente ao imperativo categórico no sentido de que, exatamente por causa da ideia da legislação universal, ele não se funda em nenhum interesse[43].

Por tudo, nota-se que Kant, ao averiguar como se obter leis válidas para toda a humanidade, conclui que tal só é possível quando toda pessoa é capaz de ser legislador, não em âmbito particular, mas para toda a comunidade de seres racionais (pessoas). Kant filia-se à mesma linha, já citada, de Mirandola, ao afirmar que "autonomia é, pois, o fundamento da dignidade da natureza humana e de toda natureza racional"[44].

4. O CORPO COMO VALOR PARA A PESSOA

Além dos pensadores mais conhecidos, houve um grupo de intelectuais do século XVIII, que podem ser denominados *Iluministas Radicais* – foram mais longe e negaram, totalmente, a ideia de "Providência". Afirmavam haver uma fratura entre "Mal Natural" e "Mal Moral". De certa forma, a Teodiceia de Leibniz foi expurgada pelo pensamento Iluminista.

O grande sentido da existência humana, para eles, é o prazer, que é incrementado quando se busca, na própria natureza, as fontes morais para o homem. Todas as raízes metafísicas devem ser cortadas, pois nada mais fizeram, que redundar em sofrimento[45].

---

40. KANT. *Fundamentação...*, *cit.*, p. 67,68..
41. KANT. *Fundamentação...*, *cit.*, p. 68. Grifou-se.
42. KANT. *Fundamentação...*, *cit.*, p. 72.
43. KANT. *Fundamentação...*, *cit.*, p. 74.
44. KANT. *Fundamentação...*, *cit.*, p. 79.
45. Cf. TAYLOR. *The Sources ...*, *cit.*, p. 332.

No entanto, a solidariedade continuou a ser um bem universalizável. Taylor bem resume o quadro. Afirma que os Iluministas Radicais "rejeitavam o bem constitutivo do deísmo, a ordem providencial" apesar de ainda corroborarem com a benevolência universal (solidariedade)"[46].

Esses pensadores consideravam qualquer ligação do homem com instâncias metafísicas uma espécie de *sujeição* e *apequenamento* da pessoa humana. Assim como Kant, confiavam na razão autorresponsável da pessoa humana. E como era bem característico do Iluminismo, rejeitavam toda e qualquer forma de autoridade imposta, terrena ou metafísica, pois ela atuava como limitação à autonomia e à própria dignidade da pessoa humana[47]. A felicidade seria a grande busca e deveria ser realizada na vida terrena, como vocação do próprio homem.

Consequentemente, é fundamental perceber que, a partir do Iluminismo Radical, do século XVIII:

[A] fonte moral mais próxima é uma ordem autossuficiente de seres interligados, a cujos princípios temos acesso dentro de nós mesmos, o palco está montado para uma outra ética independente, na qual a própria natureza se tornará a fonte moral primeira, *sem seu Autor*[48].

Posta a ruptura entre pessoa humana e divindade, uma das grandes questões foi a da *unidade*. Tentavam-se soluções para "os problemas perenes da reconciliação entre unidade e diversidade na natureza"[49].

Dentre as teorias em voga, destacou-se a da *cadeia dos seres*[50]. Tal teoria afirmava haver elos entre todos os elementos e seres da natureza e sobrenaturais. Assim, o mineral conectava-se ao vegetal, que, por sua vez, ligava-se ao animal. No centro da cadeia, encontrava-se o ser humano, híbrido, físico e espírito. Após, havia os anjos, arcanjos, e sucessivamente, até o ápice, a divindade.

A *teoria da cadeia* começou, então, a ser desafiada pelo conhecimento do século XVIII, que negou o caráter híbrido espiritual/animal do ser humano. A tensão mente-matéria foi atacada por vários Iluministas Radicais.

As perguntas postas eram as seguintes: Qual a correlação entre pessoa humana e constituição física do ser humano? Pode (ou deve) a pessoa humana ser definida em termos biológicos?

Para respondê-las, é preciso, antes, ressaltar que o problema da composição biológica da pessoa humana já era objeto de estudos desde, pelo menos, o século XV, no Renascimento.

---

46. TAYLOR. *The Sources...*, *cit.*, p. 321-322.
47. Cf. TAYLOR. *The Sources...*, *cit.*, p. 321-322.
48. TAYLOR. *The Sources ...*, *cit.*, p. 315. Grifou-se.
49. STAUM. *Cabanis...*, *cit.*, p. 20.
50. Cf. STAUM. *Cabanis...*, *cit.*, p. 22.

CAPÍTULO III • PESSOA NATURAL, ILUMINISMO E RUPTURAS

É de conhecimento corrente que Leonardo Da Vinci utilizou-se de cadáveres para realizar dissecações que permitissem seu trabalho como artista. Sua conclusão, a partir de vários estudos, foi que o corpo humano não guardava privilégio algum em relação aos demais elementos da natureza. De fato, Da Vinci quebrou a hierarquia que se pensava existir entre a composição biofísica dos seres humanos e os demais seres. Dessa forma, "o corpo humano deixa de ser investido por uma ideia que o reveste de distinção [...] para compartilhar a alma do mundo e fazer-se da mesma substância deste"[51].

Analogamente, Michelangelo deixa transparecer, em suas obras, toda a tensão entre corpo e alma, como energia contida, como potência, prestes a virar ato. As esculturas de Michelangelo: "são admiráveis, na medida em que a matéria inerte é escavada até a fronteira onde ela deixa reluzir a luta interior e o movimento espiritual"[52].

Essa nova visão artística modificou a visão da medicina acerca do homem. Em outras palavras, a Arte fez o papel de fio condutor da percepção acerca do humano, provocando mudanças viscerais do novo conhecimento médico nascente. Quando Da Vinci, Michelangelo e outros mestres renascentistas observaram o corpo humano, para representá-lo, criaram um novo olhar sobre a pessoa, que será aproveitado por novos teóricos da medicina, como Vesalio (André Vesalio, médico holandês, 1514-1564, autor de *De Humani Corporis Fabrica*):

> A arte e a ciência renascentista nos mostram *corpo*, tempo, espaço e natureza *dessacralizados*, convertidos em coisa humana, considerados a partir da finitude de nosso olhar e em função dos propósitos e dos contextos de nossa existência[53].

Na mesma linha, a práxis médica mudou sobremaneira, em especial na Holanda – que, não por acaso, sempre primou pelo culto à liberdade:

> O médico holandês André Vesalio (1514-64) implementará na prática essa nova perspectiva teórica. Submetendo o texto à prova da *observação* e da *experiência*, fazendo o olhar desviar-se do texto para o *corpo dissecado*, das ideias para a *observação sensível* liberta de pressupostos aprioristicos, a prática médica de Vesalio equivale, em parte, à prática artística de Leonardo[54].

A partir de Vesalio, o corpo humano passa a ser mais um artefato, que pode ser mensurado, manipulado e representado, por meio de observações empíricas.

---

51. BRANDÃO, Carlos Antônio Leite. O Corpo do Renascimento. In: NOVAES, Adauto. *O Homem Máquina: A Ciência Manipula o Corpo*. São Paulo: Companhia das Letras, 2003, p. 280.
52. BRANDÃO. O Corpo..., *cit.*, p. 287.
53. BRANDÃO. O Corpo..., *cit.*, p. 292. Grifou-se.
54. BRANDÃO. O Corpo..., *cit.*, p. 292. Grifou-se.

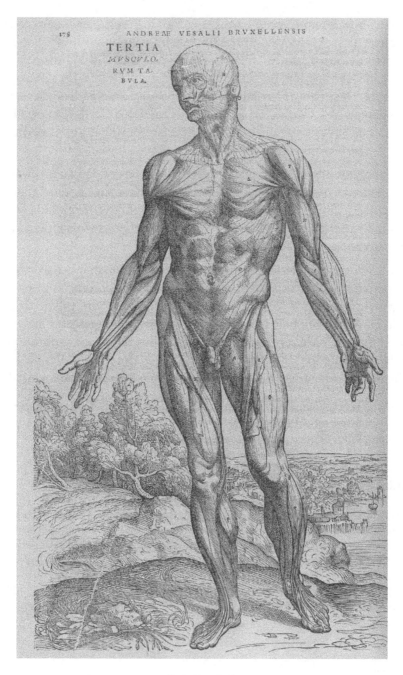

Figura 2: *Vesalius*[55].

---

55. Andreas Vesalius, Gravura 26, Segundo Livro (terceira gravura dos músculos). *De Humani Corporis Fabrica*, 1543.

O ápice veio com as ideias dos Iluministas Radicais. Teóricos e práticos do século XVIII, na sua maioria médicos, levaram, ao extremo, a dessacralização do corpo.

É possível destacar quatro autores representativos dessa época e suas visões acerca da pessoa humana: Condorcet, Cabanis, D'Holbach e La Mettrie[56].

Em sua obra, *Esquisse d'une tableau historique des progrès de l'esprit humain*, Condorcet (*Marie-Jean-Antonie-Nicolas de Caritat, Marquis de Condorcet, 1743-1794*) buscou melhores alicerces para o saber humano, num contexto em que a escolástica renegava toda e qualquer base empírica em seus métodos. Condorcet, assim, almejou erigir o conhecimento em um novo patamar, na marcha segura das ciências físicas, e "acima das disputas escolásticas e rebaixando toda a filosofia anterior a mera opinião"[57]. Segundo o autor, tal modelo de conhecimento deve, também, ser aplicável à ética e à moral:

> Por que razão esse princípio [das Ciências da Natureza] seria menos verdadeiro para o desenvolvimento das faculdades intelectuais e morais do homem que para as demais operações da natureza[58]?

Ter-se-ia, portanto, uma imbricação plena entre natureza e pessoa humana. Mediados pela racionalidade, do tipo científico-instrumental do século XVIII, os desenvolvimentos científicos levariam à produção ético-normativa para a pessoa humana. Em outra acepção, o "dever-ser" normativo é derivação do "ser" natural.

O projeto de Condorcet foi pretensioso. Sua crença depositada nas ciências naturais era tal que essa conduziria a "uma iniludível esperança e não [poderia] ter outro termo que o do aperfeiçoamento da raça humana"[59]. O "aperfeiçoamento" vai além da própria "melhoria biofísica" do homem: promove progressos inexoráveis em sua moral[60].

Outro representante da racionalidade iluminista francesa, cuja concepção de pessoa caminha pelo mesmo viés, é Cabanis (*Pierre-Jean-George Cabanis, 1757-1808*). Sua grande obsessão foi provar e fundamentar a *unidade* do físico e do mental[61]. Para tanto, tentou inserir o homem no contexto maior da natureza, integrando ao que poderia hoje, *mutatis mutandis*, ser chamado de ecossistema. O homem deveria ser objeto de averiguações físico-mentais, segundo os métodos

---

56. Onfray faz crítica, pertinente, ao pequeníssimo número de obras acerca dos iluministas radicais em comparação, por exemplo, com autores do idealismo alemão. Cf. ONFRAY. *Tratado...*, *cit.*, p. 20-21.
57. HABERMAS. *Teoría...*, *cit.*, p. 200.
58. CONDORCET. Bosquejo..., *cit.*, p. 186.
59. CONDORCET. Bosquejo..., *cit.*, p. 195.
60. CONDORCET. Bosquejo..., *cit.*, p. 201.
61. Cf. STAUM. *Cabanis...*, *cit.*, p. 3.

seguros das ciências da natureza[62]. Cabanis apregoou a existência de uma *base físico-sensitiva para o ser humano*, sendo ela fonte de todos os sentimentos, ideias e paixões[63]. Haveria uma *unidade* entre natureza e conhecimento[64].

Já D'Holbach (*Paul-Henri Thiry, Baron D'Holbach, 1723-1789*) ataca a espiritualidade humana[65]. Sua obra básica é *Système de la nature*, na qual propõe a redução de toda a metafísica às leis da natureza[66]. Para ele, corpo e alma guardam perfeita unidade, sendo a matéria a fonte da própria vida e da razão:

> Para D'Holbach, matéria e movimento explicam todos os fenômenos, e a investigação empírica, o único método apropriado para o conhecimento natural, revelou [que] somente a matéria tem um princípio inato do movimento, o qual, adequadamente arranjado e condicionado, produz vida e pensamento[67].

O pensador extremo dentre os iluministas foi La Mettrie (*Jullien Offray de La Mettrie*, 1709-1751)[68]. Sua mais representativa obra, "O Homem Máquina" (*L'Homme machine*, 1748) é quase iconoclasta. Leva o Iluminismo, como movimento de ruptura ético-moral, ao extremo, renegando toda forma de conhecimento produzido pela Escolástica. Da mesma maneira que vários de seus contemporâneos, reivindica o método científico, calcado em bases empíricas, como o único capaz de produzir conhecimento sólido:

> [La Mettrie] enfatiza a observação e experiências como a única via segura para a verdade e, em bases pragmáticas, recomenda, fortemente, explicações mecânicas[69].

Afirmou que a "transição do animal para o homem não é abrupta"[70]. Mas não se pense que essa *animalis conditio* é pejorativa, na visão de La Mettrie. Muito pelo contrário, defendeu que a "primeira virtude do homem é sua constituição natural"[71]. Foi a sua fisiologia particular que permitiu o desenvolvimento de inúmeras habilidades, como a capacidade cognitiva, seu desenvolvimento técnico etc.:

---

62. Cf. STAUM. *Cabanis...*, *cit.*, p. 4.
63. Cf. STAUM. *Cabanis...*, *cit.*, p. 5.
64. Cf. STAUM. *Cabanis...*, *cit.* p. 19.
65. Cf. STAUM. *Cabanis...*, *cit.*, p. 31.
66. Cf. BARON DE HOLBACH. *Sistema de la Naturaleza*. [Système de la nature]. Notas por Diderot. Trad. F.A. F. T. I, II, III, IV. Paris: Masson y Hijo, 1822, *passim*.
67. STAUM. *Cabanis...*, *cit.*, p. 31.
68. É interessante notar como muito foi feito, à época, para denegrir a imagem de La Mettrie. Uma das "acusações" foi compará-lo a um glutão, capaz de morrer por excessos à mesa. Cf. McMAHON. *Felicidade...*, *cit.*, p. 234-235. Ainda hoje, a produção acerca da obra de La Mettrie bem como aquela baseada em seu ideário, é bem escassa. Como exceção, cf. ONFRAY, Michel. *A Arte de Ter Prazer: por um Materialismo Hedonista*. [L'art de Jouir]. Trad. Monica Stahel. São Paulo: Martins Fontes, 1999, *passim*. Onfray, inclusive, dedica o livro a La Mettrie.
69. LEIBER, Justin. Introduction. In: LA METTRIE. *Man a Machine* [L'Homme machine]. Trans. Richard A. Watson & Maya Rybalka. Indianapolis: Hackett Publishing Company, 1994, p. 2.
70. Cf. LA METTRIE. *Man...*, *cit.*, p. 41.
71. LA METTRIE. *Man...*, *cit.*, p. 44.

[T]odas as faculdades da alma dependem, sobremaneira, da constituição própria do cérebro e do corpo como um todo, visto que essas faculdades são, obviamente, nada mais que essa organização, isto é, uma máquina bem iluminada[72].

Além disso, como D'Holbach, negou a espiritualidade do homem. Segundo La Mettrie, há, simplesmente, um abuso no emprego de vocábulos totalmente vazios de sentido, isto é, não dotados de bases empíricas, como "espiritualidade, imaterialidade etc., que mesmo pessoas inteligentes disseminam sem entendê--las"[73].

Na verdade, o ser humano, para La Mettrie, nada mais é que um animal que, pelo tamanho do cérebro, conseguiu produzir linguagem, ou conhecimento simbólico:

La Mettrie enfatiza a estreita relação entre a complexidade de um comportamento animal e o tamanho de seu cérebro [...]. Aponta que chimpanzés podem gesticular e fazer mímicas e especula que pode muito bem ser possível ensiná-los expressar uma linguagem humana [...]. Acredita que a linguagem é a maior característica que separa humanos socializados e animais não humanos. [...] A questão de ensinar a linguagem a símios levanta o ponto de como se desenvolvem humanos privados da linguagem[74].

Segundo o autor, a razão humana independe de qualquer fator imaterial para possuir sua excelência. Qualquer conhecimento que reivindique o *status* de Revelação é mero exercício de autoridade, muito comumente utilizado pela Igreja[75]. Nessa lógica, os verdadeiros produtores de conhecimento, médicos-filósofos, por basearem seus achados tão somente na experiência e na observação poderiam "iluminar o labirinto que é o homem"[76].

5. O DIREITO NATURAL E SUA CRÍTICA

Embora possa parecer paradoxal, outra grande conquista do Iluminismo foi a descoberta da historicidade do direito, que pode ser creditada a Kant, des-construtor do direito natural ingênuo e acrítico[77]:

---

72. LA METTRIE. *Man...*, *cit.*, p. 59.
73. LA METTRIE. *Man...*, *cit.*, p. 43.
74. LEIBER. Introduction, *cit.*, p. 11-12. Curiosamente, o projeto de construção de linguagem para chimpanzés tem sido levado bem a sério, e produzindo resultados efetivos. Veja-se, por exemplo, o sítio: *www.greatapeproject.org*, (acesso em 18.04.2005). Seu mote não deixa de ser contundente: "Equality Beyond Humanity".
75. Cf. LA METTRIE. *Man...*, *cit.*, *passim*.
76. LA METTRIE. *Man...*, *cit.*, p. 29.
77. Cf. WIEACKER, Franz. *História do Direito Privado Moderno* [Privatrechtsgeschichte der Neuzeit unter besonderer Berücksichtigung der deutschen Entwicklung]. Trad. A. M. Botelho Espanha. 2. ed. Lisboa: Fundação Calouste Gulbenkian, 1993, p. 401.

A Teoria Jurídica de Kant [...] representa o ápice da Escola de Direito Natural [...] e, ao mesmo tempo, marca o início de tendências novas e novos métodos [...].

[Ocorre] a negação do direito natural e a consequente fundação de uma ciência empírica do Direito[78].

A ideia de desencantamento do mundo tornou-se bastante conhecida hoje. A tese weberiana de dessacralização, ocorrida após o advento da Modernidade, e, em especial, após o pensamento iluminista, é bastante aceita. O processo de secularização, vivenciado pela maioria das Nações Ocidentais, é fenômeno complexo e multifacetado. Basta perceber que pelo menos duas acepções de "secularismo" podem ser apresentadas:

a) A saída da Igreja de determinadas áreas do Mundo da Vida, como é o caso da descriminação de vários comportamentos sexuais (v.g. o homossexualismo)[79]. Para ilustrar, tome-se uma disposição das Ordenações Filipinas, que vigeram, no Brasil, até o início do século XX:

Dos que cometem pecado de sodomia, e com alimarias [bestialismo]

Toda pessoa, de qualquer qualidade que seja, que pecado de sodomia per qualquer maneira cometer, seja queimado, e feito per fogo em pó, para que nunca de seu corpo e sepultura possa haver memória, e todos seus bens de nossos reinos [...] (5, 1, 13).

Note-se que houve uma retirada da pecha sacrílega desse comportamento sexual, tendo o assunto migrado para a esfera privada. Hoje está alheia ao controle cogente de Igreja e Estado. Repugna aos olhos a sanção imposta a quem tenha o comportamento sexual descrito.

b) O Secularismo Qualitativo[80]. No caso, não há um simples afastamento da Igreja de determinadas áreas do Mundo da Vida, mas há também a criação de *equivalentes funcionais seculares* para conteúdos tratados, antes, com viés religioso. Um bom exemplo é a criação do casamento civil, em substituição ao religioso.

Na mesma linha ideológica, pode-se afirmar que o direito natural da Modernidade, ou, mais precisamente, o direito natural racional (jusracionalismo) é produto de secularismo qualitativo. Tal resultou, em grande parte, no furor fagocitário que acometeu os Estados Nação, no Iluminismo, quando buscaram "subordinar, aos imperativos de sua 'razão' todos os negócios dos súditos (ou cidadãos) inclusive os religiosos"[81].

---

78. MATA-MACHADO. Edgar de Godoi da. *Elementos de Teoria Geral do Direito*. 3. ed. Belo Horizonte: UFMG, 1986, p. 99-100.
79. Cf. CATROGA, Fernando. *Entre Deuses e Césares. Secularização, Laicidade e Religião Civil*. Coimbra: Almedina, 2006, p. 16.
80. Cf. CATROGA. *Entre...*, *cit.*, p. 17.
81. CATROGA. *Entre...*, *cit.*, p. 28.

CAPÍTULO III • PESSOA NATURAL, ILUMINISMO E RUPTURAS

No afã de buscar a legitimação dos Estados Nacionais, vários teóricos recorreram a argumentos racionais para reforçar sua soberania[82]. Houve, assim, uma cisão, aparentemente plena, entre o político, o jurídico e o teológico.

No entanto, uma análise mais acurada, mostra que muito do viés teológico apenas se metamorfoseou. Permaneceu, agora, como instrumento legitimador da ordem estatal. Houve apenas uma "inversão do modelo jusdivinista"[83].

A busca de fundamentos metafísicos, que padeceriam *ucronia* e *utopia*, para o Direito, foi mais uma das criações da Modernidade, na tentativa de impor um certo "teor transcendente" ao Direito, em especial aos Direitos do Homem, cuja expressão máxima foi produto da Revolução Francesa. Na feliz asseveração de Catroga:

> [B]asta atentar nas estratégias de *inclusão afetiva*, que a nova ordem social exigia, para se perceber como é que a reprodução da moderna racionalidade política transportava consigo certas formas de sacralidade [...]. Essa geminação acabou por caldear o jusnaturalismo[84].

Paradoxalmente, a própria França, querendo sobrepujar qualquer desiderato religioso, que poderia ser hostil ao Estado, criou uma espécie de religião civil, com ritos próprios, e, na mesma lógica, direitos naturais (racionais), análogos, em quase tudo, aos "direitos divinos"[85]. O caso francês chega a extremos com o positivismo de Comte e seu viés "religionário", com um "inconfessado mimetismo com a religião católica" e, no campo jurídico, "não deixará de sacralizar a lei de suas tábuas – a declaração de Direitos do Homem"[86].

Prova substancial da assertiva é o texto da Declaração de Direitos do Homem e do Cidadão, de 1789, em França:

> Os representantes do povo francês, constituídos em Assembleia Nacional,
>
> considerando que a ignorância, o esquecimento ou o desdém dos direitos do homem são as únicas causas das desgraças públicas e da corrupção dos governos, resolveram expor, em uma declaração solene, os *direitos naturais, inalienáveis e sagrados do homem* [...].
>
> Em consequência, a Assembleia Nacional reconhece e declara, em presença e *sob os auspícios do Ser Supremo*, os seguintes direitos do homem e do cidadão [...]. [Grifou-se].

Sob a mesma inspiração, dispõe a Declaração de Independência Americana, de 1776:

---

82. Cf. ROUSSEAU, J. J. O Contrato Social. [Du contrat social]. Trad. Antonio de Pádua Danesi. 3. ed. São Paulo: Martins Fontes, 1999, *passim*. Cf. KANT, Immanuel. A Paz Perpétua. Trad. Alexandre Morão. In: MORÃO. *A Paz...*, *cit.*, p. 119-171.
83. CATROGA. *Entre...*, *cit.*, p. 98.
84. CATROGA. *Entre...*, *cit.*, p. 99.
85. Cf. CATROGA. *Entre...*, *cit.*, p. 232-233.
86. CATROGA. *Entre...*, *cit.*, p. 262.

Quando, no curso dos acontecimentos humanos, se torna necessário um povo dissolver laços políticos que o ligavam a outro, e assumir, entre os poderes da Terra, posição igual e separada, a que lhe dão direito *as leis da natureza e as do Deus da natureza*, o respeito digno às opiniões dos homens exige que se declarem as causas que os levam a essa separação.

Consideramos estas verdades como evidentes por si mesmas, que todos os homens foram criados iguais, foram *dotados pelo Criador* de certos *direitos inalienáveis*, que entre estes estão a vida, a liberdade e a busca da felicidade[...].

E em apoio desta declaração, *plenos de firme confiança na proteção da Divina Providência*, empenhamos mutuamente nossas vidas, nossas fortunas e nossa sagrada honra. [Grifou-se]

O caráter professo dos direitos reforça a tese defendida por Wieacker, para quem o direito natural racional é apenas mais um episódio de uma busca ancestral do Ocidente em encontrar leis imutáveis e válidas, independente de lugar e tempo[87]. Para o autor, a busca por leis gerais da sociedade humana põe-se como problema filosófico já na Antiguidade, sobretudo com os estoicos[88]. O problema refletiu-se, em boa parte, no direito romano:

[O] direito natural grego atingiu, a partir do século II, as camadas cultas de Roma. Cícero, que foi buscar a Poseidonios e Panatios a *consociatio universal* [sic] dos homens e o *lumen commune omnium*, preencheu a ideia de direito natural com a ética concreta da concepção romana do estado. Os juristas romanos partilharam estas concepções filosóficas dos romanos cultos[89].

Muito do ideário estoico foi metabolizado pelo cristianismo, sobretudo com Paulo de Tarso[90]. Agostinho e Tomás afirmaram o ideário de comunidade e de leis gerais – *jus divinum*, que conviverá com o *ius civile*. Enquanto este é local e circunstancial, aquele é perene e universal.

Mas foi a ruptura trazida pela Reforma que carreou o voluntarismo, e trouxe a negação da ideia de cognoscibilidade do *ius divinum* pelo homem. Nesse ponto, é elucidativa a asseveração de Schneewind:

Não há lei para Deus, o qual não precisa controlar paixões pecaminosas; e a lei que ele nos dá não tem bases de cognoscibilidade. Deus está fora e infinitamente distante de qualquer comunidade humana formada pela moralidade[91].

Foram criadas, assim, condições de possibilidade para o surgimento do direito natural racional, que, reafirme-se, nada é que mais um episódio desta (quimérica?) busca ocidental:

---

87. WIEACKER. *História...*, *cit.*, p. 290-302.
88. Cf. WIEACKER. *História...*, *cit.*, p. 291.
89. WIEACKER. *História...*, *cit.*, p. 291.
90. Cf. TARNAS, Richard. *A Epopeia do Pensamento Ocidental* [The passion of the western mind]. Trad. Beatriz Sidou. 4. ed. Rio de Janeiro: Bertrand Brasil, 2001, p. 118-125.
91. SCHNEEWIND. *The Invention...*, *cit.*, p. 31.

O jusracionalismo profano da época moderna – que constitui, decerto, a força mais poderosa no desenvolvimento moderno do direito depois do *Corpus Iuris* – traz em si, desde logo, toda a herança do jusnaturalismo da antiguidade e do agostiniano-tomista; o modo como põe as questões *não pode ser compreendido senão a partir desta tradição*[92].

O jusracionalismo apresenta, assim, as mesmas pretensões de seus precursores estoicos e cristãos: ter validade universal e ser atemporal. Com sua irrupção, retorna a antiquíssima dualidade entre *ius naturale* e *ius civile*[93].

Pode-se afirmar que os direitos naturais da Revolução Francesa tinham um grande teor de "criptosacralidade". Dessa forma, deu-se azo às características dos direitos humanos e direitos da personalidade que são repetidos de forma *renitente* e *tautofônica*: *naturais, inatos, inalienáveis, irrenunciáveis quanto ao exercício*.

Hoje, não há mais sentido em fundamentar os direitos da personalidade em qualquer instância de direito natural. De fato, são vários os argumentos, já há muito desenvolvidos, contra o jusracionalismo, por exemplo:

a) A ideia de Villela, segundo a qual o jusracionalismo trabalhou com a ideia de *homem intangível* e *espiritual*, desvinculado, assim, de necessidades decorrentes do Mundo da Vida:

O homem que no jusnaturalismo racionalista detinha a potestade de prerrogativas inalienáveis era abstrato e impalpável. Pode-se dizer que existia na razão de seus criadores, mas não era achado jamais andando pelas ruas, bebendo nas tavernas ou padecendo fome, miséria e doenças[94].

b) A descoberta da historicidade do direito. Toda construção jurídica está inexoravelmente presa a um determinado contexto temporal. A afirmação de tal característica deve-se, sobretudo, à Escola Histórica, capitaneada por Savigny.

Essa Escola foi, em certa medida, uma reação ao mecanicismo imposto pelo legislador solipsista que atuava com bases na razão centrada no sujeito, ou na feliz expressão de Wieacker, "razão autoritária"[95]. As grandes codificações, sobretudo a francesa (com o Código de Napoleão de 1804), redundaram em um "monopólio estadual do direito natural"[96]. A Escola Histórica reivindicava o direito como busca de uma justiça viva, presente em cada povo, e mutável, segundo circunstâncias diversas. Qualquer referência ao direito deve ser feita com atenção à historicidade peculiar a cada Nação, condicionando o conhecimento ao binômio espaço-tempo.

---

92. WIEACKER. *História...*, *cit.*, p. 297-298. Grifou-se.
93. Cf. WIEACKER. *História...*, *cit.*, p. 298.
94. VILLELA. Por uma nova..., *cit.*, p. 318.
95. WIEACKER. *História...*, *cit.*, p. 399.
96. Cf. WIEACKER. *História...*, *cit.*, p. 399.

Os estudos mais recentes de hermenêutica tomam a historicidade como ponto de partida para qualquer forma de conhecimento – científico ou não[97]. Pode-se tomar, como exemplo, a asseveração de Günther, cujo texto afirma que "simplesmente por seu conteúdo semântico, toda norma já incorpora uma referência situacional"[98]. A descoberta da historicidade não pode ser desprezada: ocorre, aqui, a inabalável imbricação entre norma jurídica e realidade social[99].

O fundamento dos direitos da personalidade irá reconduzir-se para a ética da autonomia[100]. Nela, pessoas dotadas de história produzem, voluntariamente, normas de direito positivo, que também serão dotadas de historicidade (vinculadas a espaço a tempo), e compartilhadas por sujeitos de direito capazes de argumentação e de fala. Assim, "no pensamento contemporâneo, se afirma a substituição do papel outrora desempenhado pelo direito natural pelo pensamento político, ou mesmo pela ética"[101].

Essa ética deverá revestir-se, portanto, de caráter pós-metafísico e versar sobre valores mínimos a serem compartilhados por pessoas, a ponto de serem normatizados.

A tarefa será mais bem apresentada no capítulo subsequente desse trabalho.

6. EXCURSO SOBRE A LIBERDADE RELIGIOSA

O Iluminismo Radical, na busca da rejeição da autoridade e da afirmação da liberdade, acabou, muitas vezes, por engendrar intolerância religiosa e "hostilidade à Religião"[102].

Porém, hodiernamente, é impensável prescindir da liberdade religiosa, no âmbito da proteção da autonomia da pessoa humana, e no livre desenvolvimento da personalidade[103].

As reivindicações de liberdade religiosa ocorreram de forma bastante intensa já no Iluminismo, sobretudo na Holanda[104]. Houve grandes tentativas da convivência pacífica, entre reformados e contrarreformados.

---

97. Cf. GADAMER, Hans-Georg. *Verdade e Método. Traços Fundamentais de uma Hermenêutica Filosófica* [Wahrheit und Methode]. Trad. Flávio Paulo Meurer. 2. ed. Petrópolis: Vozes, 1998, *passim*.
98. GÜNTHER, Klaus. *The Sense of Appropriateness: Application Discourses in Morality and Law* [Der Sinn für Angemessenheit. Anwendungsdirkurse in Moral und Recht]. Trans. John Farrell. New Tork: State University of New York Press, 1993, p. 15.
99. Cf. WIEACKER. *História...*, *cit.*, p. 409.
100. Cf. WIEACKER. *História...*, cit., p. 402.
101. QUEIROZ, Cristina. A Tradição Ocidental do Direito Natural. In: CUNHA, Paulo Ferreira da (Org.). *Direito Natural, Religiões e Culturas*. [S. l.]: Coimbra, 2004, p. 189.
102. ADRAGÃO, Paulo Pulido. *A Liberdade Religiosa e o Estado*. Coimbra: Almedina, 2002, p. 75.
103. Cf. ADRAGÃO. *A Liberdade...*, *cit.*, p. 15.
104. Cf. KLIBANSKI, Raymond. Prefácio. In: LOCKE, John. *Carta Sobre a Tolerância* [Epistola de Tolerantia]. Trad. João da Silva Gama. Lisboa: Edições 70, 2005, p. 15.

Essa postura foi defendida por Locke, em seu opúsculo *Epistola de Tolerantia*, publicado, originalmente, em latim, e de forma anônima. Nela, Locke repugna qualquer forma de imposição religiosa. Curiosamente, seu maior argumento não jaz no pluralismo confessional, e sim num argumento tipicamente iluminista, qual seja, a religião deve passar pelo entendimento e fé humanos; nunca ser uma imposição do Estado:

> O *cuidado das almas não pode pertencer ao magistrado civil*, porque todo o *seu poder reside na coação*. Mas, como a *religião verdadeira e salutar consiste na fé interior da alma*, sem a qual nada vale diante de Deus, a *natureza do entendimento* humano é de tal ordem que *não se pode ser constrangido por nenhuma força exterior*[105].

A Igreja, segundo Locke, é uma "sociedade livre e voluntária", distinta do Estado. Deve portar-se como pessoa particular e "nenhuma tem direito sobre a outra, ainda que o magistrado civil faça parte de uma delas"[106].

No entanto, Locke impõe restrições à Liberdade. Primeiramente, quando determinado exercício de religiosidade puser em risco bens civis ou atentar contra sociedade civil e bons costumes[107]. Também, é curiosa a restrição de Locke feita ao *ateísmo*.

Segundo o autor, "os que negam a existência de Deus não devem, de maneira alguma, tolerar-se"[108]. Locke afirma que a descrença levaria ao desmoronamento social. Tal postura em nada desmerece sua obra, que pode ser considerada um marco na liberdade religiosa.

Mas essas asserções levam à necessidade de se considerar como se devem relacionar Estado e religião[109]: tutela ou indiferença?

Para responder, duas considerações devem ser feitas.

1. A imbricação entre a história e postura legal da nação frente a liberdade religiosa

Os diversos posicionamentos adotáveis pelos Estados, frente ao problema da liberdade religiosa, não podem ser analisados sem recorrer à *história* da Nação, em específico. O Mundo da Vida será condicionante inexorável para a perquirição do *status* legal da religião diante de um dado Estado Nacional. Assim, o primeiro

---

105. LOCKE. *Carta...*, *cit.*, p. 93. Grifou-se.
106. Cf. LOCKE. *Carta...*, *cit.*, p. 97.
107. Cf. LOCKE. *Carta...*, *cit.*, p. 109, 116.
108. LOCKE. *Carta...*, *cit.*, p. 118.
109. O estudo clássico de James chega a afirmar que a verdadeira religião prescinde de qualquer manifestação no espaço público. devendo existir somente no mais íntimo das pessoas. Mais, afirma que a ortodoxia e o exagero em cultos só serve para desviar a crença de sua verdadeira pureza. Cf. JAMES, William. *The Varieties of Religious Experience*. [s.l]: Adamant Media, 2005, *passim*.

passo deve ser verificar, naquela Nação, a "importância da relação da vertente social do fator religioso com a cultura e com a história"[110].

É certo que a grande maioria dos Estados Nacionais do Ocidente, hoje, é tida como secularizada. Isso não significa, necessariamente, uma postura de hostilidade para com a religião, mas a aceitação da pluralidade religiosa.

2. A liberdade de religião não se confunde com a liberdade de expressão

A liberdade de crença religiosa, por muitas vezes, tende a ser confundida com liberdade de opinião e expressão ou subsumida a ela.

Na verdade, o raciocínio é equivocado. O correto é afirmar que a liberdade de expressão só pode encontrar condições de possibilidade de ser efetivada quando e onde houver liberdade de crença religiosa. Só quando a pessoa humana puder escolher sua profissão, seus dogmas, é que poderá expressar-se livremente. Mesmo o direito a ser ateu ou o direito a ser agnóstico e o direito de expressar o (próprio) ateísmo ou agnosticismo só podem existir quando há liberdade religiosa.

A liberdade de religião, quando reduzida à liberdade de expressão, perde muito de suas peculiaridades. Destaquem-se algumas:

a) O direito à livre construção de templos;

b) O direito ao ensino religioso[111];

c) O direito à guarda de feriados religiosos[112];

d) O direito às exéquias segundo a própria religião.

Dessa forma, "onde há religião haverá necessariamente culto. Sendo assim, *a liberdade de culto é elemento essencial da liberdade religiosa*"[113].

De uma maneira geral, a secularização deve conduzir à liberdade religiosa, e nunca a execrar manifestações religiosas. O caminho religioso é mais uma das vias de autorrealização, pois, conforme Taylor:

> [C]ada um tem sua forma de manifestar sua humanidade, e que é importante descobrir e viver de acordo com ela, e não conformar-se com um modelo imposto de fora [heteronomia], pela sociedade, pela geração anterior, ou por uma autoridade política ou religiosa[114].

---

110. ADRAGÃO. *A Liberdade...*, *cit.*, p. 262.
111. Cf. ADRAGÃO. *A Liberdade...*, *cit.*, p. 88.
112. Cf. ADRAGÃO. *A Liberdade...*, *cit.*, p. 118.
113. ADRAGÃO. *A Liberdade...*, *cit.*, p. 19.
114. TAYLOR, Charles. *Las variedades de la religión hoy* [Varieties of Religion Today: William James Revisited]. Trad. Ramon Vilà Vernis. Buenos Aires: Paidós, 2004, p. 92.

Capítulo IV
CONSTRUINDO A PESSOA: VALORES E DIREITOS DA PERSONALIDADE

1. PESSOA: ENTRE A METAFÍSICA E O NATURALISMO

Nos capítulos anteriores, foram apresentadas duas visões aparentemente antípodas de pessoa natural. Na sua origem, a teologia cristã privilegiou aquilo que se pode chamar de *dimensão espiritual*. De Boécio a Tomás, não se preocupou em tratar da *dimensão empírica* da pessoa humana, ou de incluir, no campo de estudos, a sua base *sensível/corporal*.

Superada a transição entre as concepções medieval e moderna de pessoa, por conta dos deístas, ocorreu uma ruptura teórica por via dos Iluministas Radicais. Na ânsia pela materialidade e empiria, na obcecação pelo material e pela experimentação, acabaram por reduzir a pessoa humana a um organismo vivo, sem sua dimensão "espiritual".

Não há como desprezar os contributos de ambas visões de mundo. Porém, para se obter um conceito de pessoa natural, com razoável consistência, não basta justapor os desígnios da teologia medieval e do ultramaterialismo.

Sem desprezar a contribuição histórica para o desenvolvimento do assunto, o presente capítulo visa a construir um conceito de pessoa que se enriqueça com as duas visões, sem recair nas armadilhas teóricas de cada uma delas. Será vista a noção de pessoa, que se fundamenta em Boécio e foi enriquecida por Tomás, mas segundo uma tentativa secular de interpretá-la. Dar-se-á, também, a devida atenção ao conceito de corpo humano, em uma visão contemporânea, que põe em causa as noções de alma e mente, correlacionando-as com cérebro.

Além, demonstrar-se-á que a concepção de Bem, de vida boa, de vida digna – que foi objeto de análise anterior – ocorre por via de *valores morais compartilhados socialmente*, que serão fundamentos para os conceitos de pessoa e de direitos da personalidade. Apresentar-se-á, para isso, o fio condutor que vai de Mirandola a Kant, de Tomás de Aquino a La Mettrie: a *autonomia*.

2. REVENDO BOÉCIO E TOMÁS: PESSOA E SUAS DIMENSÕES INCONTORNÁVEIS

Para que os direitos da personalidade sejam efetivados, é imprescindível que três dimensões da pessoa natural sejam reconhecidas como condições de possibilidade para a existência de direitos da personalidade. São três eixos-base, que podem ser vistos como uma generalização, sob a ótica secular, do pensamento teológico-cristão.

O primeiro eixo de proteção da personalidade é o respeito pela autonomia da vontade, pois respeitá-la é respeitar a própria personalidade. A pessoa humana, dotada de liberdade, deve buscar construir, para si mesma, suas normas, de acordo com sua concepção de bem e de justo.

O segundo eixo, indissociável do primeiro, é o reconhecimento e a afirmação do outro (alteridade). A personalidade e a pessoa só ganham sentido perante o *outro*. Mais que isso, a personalidade é fruto de um constante erigir da consciência de si em face da alteridade (consciência crítica e dialógica do outro). A pessoa constrói-se na interação social e na interação comunicativa em sociedade.

O terceiro eixo é a dignidade. No entanto, ele não pode ser visto como alheio aos dois anteriores. A dignidade é fruto de autoconstrução (autonomia) e realização em sociedade (alteridade). Logo, a dignidade não é algo "dado" (pelo Estado, pela ciência etc.); ao contrário, é uma *busca de autorrealização*. Não se devem buscar normas que imponham, aos indivíduos, uma dignidade pré-estatuída[1]. Pelo contrário:

> São válidas as normas de ação com as quais poderiam concordar todas as pessoas possivelmente afetadas, enquanto participantes de discursos racionais[2].

Note-se que, mesmo ante o imperativo de universalização de Habermas, as dimensões da pessoa humana, esboçadas por Boécio e Tomás de Aquino, são essenciais, na medida em que a racionalidade é exercida no discurso. Isso importa, necessariamente, no reconhecimento recíproco de todos os envolvidos como seres autônomos, capazes de interação (alteridade) e que se autorreconhecem como dignos.

---

1. Cf. DWORKIN, Ronald. Liberal Comunity. In: DWORKIN, Gerald (Ed.). *Morality, Harm and the Law*. Boulder: Wetsview Press, 1994, p. 42.
2. HABERMAS, Jürgen. *Between Facts and Norms: Contributions to a Discourse Theory of Law and Democracy* [Faktizität und Geltung. Beiträge zur Diskurstheorie des Rechts und des demokratischen Rechtsstaats]. Trans. William Rehg. Cambridge: The MIT Press, 1996, p. 459.

CAPÍTULO IV • CONSTRUINDO A PESSOA: VALORES E DIREITOS DA PERSONALIDADE **57**

3. CORPO E PESSOA HUMANA

Uma dimensão que é negligenciada por inúmeros autores contemporâneos, e que não foi objeto de especulação durante a Idade Média, como já dito, é a corporeidade da pessoa humana. A importância do corpo para a determinação da pessoa ainda é essencial. Pode-se afirmar que a *hipóstase* (substância) de Boécio encontra seu *equivalente funcional* na noção de *corpo físico*, hoje. Há pertinência, então, em rever o papel da corporeidade na determinação da pessoa, sob a ótica da ciência contemporânea – e, obviamente, seus reflexos para o direito.

Em primeiro lugar, deve-se afirmar que as ideias de *alma* e *mente* – como entidades metafísicas – não mais podem ser tomadas como científicas.

A base material para a pessoa humana foi o grande legado dos Iluministas Radicais[3].

Bunge, em obra fundamental sobre o assunto, expurga toda base metafísica na análise da pessoa humana.

Para entender essa ideia, é forçoso perceber que as noções de alma e mente foram largamente utilizadas para a explicação de fenômenos subjetivos[4]. Porém, essas noções, hoje, são objetos da teologia, e não da ciência. A imortalidade da alma e a transcendência do homem escapam à investigação científica, inclusive ao direito. São muito mais próprias da religião.

Além disso, é comum a expressão *mente* ser utilizada de forma irrefletida, sem definição de conteúdo, e sem bases empíricas. Não pode, em tais casos, ser tomada como científica[5]. Basicamente, servem de uso para o senso comum ou mesmo para posturas ideológicas[6].

Bunge propõe uma concepção científica de mente, desvinculada da teologia, e embasada em estudos experimentais:

> O principal objetivo deste livro é intentar transformar [a] concepção – de que a mente é um conjunto de atividades cerebrais – em um marco teórico que, ademais, seja compatível com os últimos resultados neurofisiológicos e psicológicos [...][7].

Bunge traça toda sua argumentação contra a ideia de uma mente independente do cérebro, arrolando mais de vinte argumentos[8].

---

3. BUNGE, Mario. El Problema Mente Cerebro: Un Enfoque Psicobiologico [The Mind-Body Problem: A Psychobiological Approach]. Trad. Benito Garcia Noriega. 2. ed. Madrid: Tecnos, 1988, p. 48.
4. BUNGE. *El Problema...*, *cit.*, p. 15.
5. Cf. BUNGE. *El Problema...*, *cit.*, p. 15; 26-27.
6. Cf. BUNGE. *El Problema...*, *cit.*, p. 21.
7. BUNGE. *El Problema...*, *cit.*, p. 16.
8. Cf. BUNGE. *El Problema...*, *cit.*, p. 37-42.

Um dos mais pungentes é o ataque à ideia, muito em voga, de que as pessoas humanas, por serem distintas de máquinas (v.g. o computador), teriam que possuir uma mente. O argumento é simplório, por vários motivos:

a) Máquinas só recebem informação. Pessoas *produzem* informações[9];

b) O cérebro é dotado de *plasticidade*. Isso significa que as redes neuronais desenvolvem-se, criam novas estruturas, modificam-se, aprendem[10].

De fato, as pessoas não conservam suas "mentes" de modo estático durante toda sua vida. Essas se modificam, transmutam-se, complexam-se. Tal deriva, dentre outras causas, da capacidade de *aprender* e *esquecer*[11]. Em outras palavras, "a aprendizagem consiste na formação de sistemas neurais novos"[12].

c) Máquinas são programadas. Não têm atividade espontânea. Cérebros programam-se por si mesmos. Atuam sem intervenção externa.

d) O cérebro humano possui vários sistemas (hipotálamo, estruturas límbicas, cerebelo etc.) e um "entorno", ou seja, elementos alheios ao sistema, que influem em sua atuação e uma estrutura: relações entre sistema e entorno. Nada disso está presente em uma máquina[13].

e) Neurônios não são meros condutores elétricos. São células complexas que controlam boa parte do funcionamento do organismo. Os mediadores sinápticos, como a dopamina e a serotonina, são essenciais para o funcionamento de atividades superiores do cérebro[14].

Pode-se, em suma, apresentar a seguinte definição de mente, que não caminha dissociada da base física e bioquímica:

1. todos os estados, sucessos e processos mentais são estados, sucessos ou processos nos cérebros de vertebrados superiores;

2. esses estados, sucessos e processos são emergentes com respeito àqueles dos componentes celulares do cérebro;

3. as relações denominadas psicofísicas (ou psicossomáticas) são relações entre subsistemas diferentes do cérebro, ou entre algum deles e outros componentes do organismo[15].

---

9. Cf. BUNGE. *El Problema...*, *cit.*, p. 35.
10. Cf. BUNGE. *El Problema...*, *cit.*, p. 6.
11. Cf. BUNGE. *El Problema...*, *cit.* p. 64.
12. BUNGE. *El Problema...*, *cit.*, p. 75.
13. Cf. BUNGE. *El Problema...*, *cit.*, p. 52-82.
14. Cf. BUNGE. *El Problema...*, *cit.*, p. 55.
15. BUNGE. *El Problema...*, *cit.*, p. 42.

CAPÍTULO IV • CONSTRUINDO A PESSOA: VALORES E DIREITOS DA PERSONALIDADE — 59

No caso, é possível conciliar a noção de *pessoa*, como construção *intersubjetiva* e *cultural*, com um referencial teórico compatível com os avanços *neurobiológicos* e *fisiológicos*, como o proposto por Bunge?

Parece que sim.

Em primeiro lugar, uma *base sensível* para a pessoa humana é fundamental. Não há como pensar a pessoa humana em termos quase angelicais, deslindada de qualquer menção a um organismo, seja ele biológico, bioquímico, ou, de forma mais complexa, biofísico-químico.

O corpo é, no entanto, *manipulável*. Fusões, mais ou menos complexas, com máquinas, já não fazem parte de um futuro de *fantascienza*. Marcapassos, próteses auriculares, implantes dentários de titânio, próteses de braços e pernas, implantes estéticos de silicone, lentes intraoculares de polímeros etc., são realidades cotidianas, e que tendem só a crescer, sem limites aparentes.

Além dessa base sensível, mesmo Bunge reconhece dimensões metacorporais para a pessoa humana. Pode-se identificar a ideia de interioridade, em sua obra, pois há a presença de consciência na pessoa, ou seja, mensurações, controle, deliberações, realizados a partir de estímulos neuronais, que são mais ou menos complexos[16]. Os estados de consciência, por sua vez, dependem das diversas intensidades da atividade dos sistemas neuronais e podem, ser mensurados[17]. Essa consciência também se desenvolve e é manipulável, por exemplo, com uso de medicamentos. Mas a consciência não perde seu caráter de *interioridade* – como construção análoga à proposta pela Escolástica –, pois "um animal consciente pode conhecer-se e avaliar-se, e, portanto, corrigir seu próprio pensamento e conduta, seja se adaptando, seja modificando seu meio"[18].

Há, também, a esfera da *exterioridade*, em estreita conexão com o "interior" da pessoa:

> Uma participação ativa em atividades culturais e políticas pode provocar, em um curto espaço de tempo, mudanças dramáticas: pode provocar a formação de um mundo interior novo[19].

De fato, a interação social leva a modificações orgânicas na pessoa, reconstruindo a arquitetura cerebral, através de novas redes neuronais.

A consciência, segundo Bunge, é fundamental para a realização de *atos voluntários*. Em outras palavras, *autonomia* e *alteridade*, como elementos da pessoa, *necessitam* de uma *rede neuronal*, um *corpo*, uma *base sensível* e *manipulável*. Indo

---

16. Cf. BUNGE. *El Problema...*, *cit.*, p. 191.
17. Cf. BUNGE. *El Problema...*, *cit.*, p. 192-193.
18. BUNGE. *El Problema...*, *cit.*, p. 194.
19. BUNGE. *El Problema...*, *cit.*, p. 195.

mais além, na obra de Bunge, chega-se à definição de pessoa, que inclui mente e repertório de conduta[20].

Assim, só existe *pessoa* na medida em que há uma dimensão sócio-normativa! Sem interação social, compartilhamento de valores, construções éticas, não há personalidade. No entanto, esses valores mudam, pois o repertório social não é, obviamente, estático. Com ele, muda, também, a própria pessoa:

> A aprendizagem configura e enriquece a personalidade [...]. Os indivíduos que sofrem experiências traumáticas [por exemplo] chegam podem chegar a adquirir personalidades completamente novas [...]. Um mesmo animal [em especial o homem, dada sua enorme plasticidade cerebral] pode mostrar personalidades diferentes em meios diferentes[21].

A conclusão mais contundente, percebida através da obra de Bunge ainda não foi exposta.

Se a pessoa é uma base mental associada a um repertório de condutas sociais; e se esse repertório muda, e com ele a *própria base fisiológica*, não faz sentido afirmar a imutabilidade da pessoa humana, pois:

> [Não] existe identidade pessoal ou identidade duradoura em maior medida que possa existir identidade digestiva ou cardiovascular: a conduta e a identidade de um vertebrado superior [incluindo-se o homem] são mais variáveis e vulneráveis que quaisquer outras funções corporais[22].

Em outras palavras: mudam os valores, muda a pessoa, até (e fundamentalmente) em seu nível orgânico.

Essa capacidade de modificar o meio e modificar a si mesma é exatamente o maior qualificador da pessoa humana. (Auto)sujeitar-se ao devir é inexorável, seja em nível valorativo, seja em nível orgânico:

> O homem não se limita a ser um animal econômico, cultural e político; o homem também pode alterar muito rapidamente qualquer aspecto dessa tríade sem necessidade de esperar mutações genéticas ou cataclismos [...] *O Homem é o supremo criador e destruidor de organizações e funções sociais. Esse assombroso potencial de criação e destruição que tem o homem melhor caracteriza-o que qualquer das formas habituais*[23].

4. VALORES CONSTITUTIVOS DA PESSOA NATURAL

Para se chegar a uma noção mais consistente de pessoa, é fundamental perceber que determinados valores são, em um dado momento histórico, consti-

---

20. BUNGE. *El Problema...*, *cit.*, p. 202.
21. BUNGE. *El Problema...*, *cit.*, p. 203.
22. BUNGE. *El Problema...*, *cit.*, p. 203.
23. BUNGE. *El Problema...*, *cit.*, p. 218. Grifou-se.

CAPÍTULO IV • CONSTRUINDO A PESSOA: VALORES E DIREITOS DA PERSONALIDADE

tutivos da pessoalidade. A ideia de valor (Bem, Mal) integra a pessoa, na medida em que ela que cria e se posiciona ante a esses valores. Isso significa que não há somente uma materialidade empírica na pessoa, ou seja, não há sentido em se propor uma visão puramente naturalista da personalidade, que reduz pessoa a corpo humano, e nem puramente espiritualista, que lhe negue a corporeidade.

Ser pessoa é bem mais complexo. Envolve ações carregadas de significado, como rezar em um templo, ter liberdade de se expressar em público, ou não ter a vida privada exposta. Esses valores são mais que meros reflexos ou projeções da pessoa humana; são constitutivos da personalidade[24]. Taylor irá chamá-los de "hiperbens"[25]. Obviamente, bem, aqui, não significa "coisa", mas "conjunto de princípios fundamentais de determinada sociedade referentes à vida e à dignidade das pessoas, preconizados como propícios ao desenvolvimento e ao aperfeiçoamento moral, quer dos indivíduos, quer da sociedade"[26]. No entanto, eles não são idiossincráticos. Pelo contrário, são construídos intersubjetivamente, formando os *valores constitutivos da pessoa* em uma *dada cultura* e em um *dado momento histórico*.

Por exemplo, se é negado a um católico fervoroso o direito de rezar, estar-se-á mutilando a forma de ele se sentir pessoa humana, dotado de "vida que vale ser vivida" – sempre vinculada a uma dada cultura que lhe é essencial para construção da identidade. Por oposição, obrigar um ateu convicto a se confessar com um padre, pode ofender-lhe a pessoalidade de forma patente. Assim, há ações que são necessárias para que o indivíduo humano tenha sua personalidade afirmada, em sua cultura, naquele dado momento histórico, e outras ações que devam ser evitadas para que sua personalidade não seja desconstruída. Negar isso pode ser, no mínimo degradante, ou, mais além, atentatório à pessoa natural:

> A vergonha ou humilhação são 'subjetivo-referentes' [*subject-referring*], porque, para mim, algo somente é humilhante pelo fato de como me entendo, ou melhor [...], pelo modo como me vejo e aspiro a aparecer na esfera pública. Algo só ofende minha dignidade porque incomoda ou desafia o *modo como me apresento*, me *projeto* ou me *expresso* na esfera pública[27].

Taylor irá referir-se às pessoas humanas como "seres autointerpretantes", ou seja, a comunidade de pessoas compartilha, em um dado momento histórico, valores que são a base da autoconcepção e autointerpretação de *pessoa humana digna*[28].

---

24. TAYLOR. *The Sources...*, cit., p. 54-55.
25. Cf. TAYLOR. *The Sources, cit.*, p. 64 *et passim*.
26. HOUAISS, Antônio et al (Dir). *Dicionário Houaiss da Língua Portuguesa*. Rio de Janeiro: Objetiva, 2004, *bem*.
27. TAYLOR, Charles. *Human Agency and Language: Philosophical Papers 1*. Cambridge: Cambridge University Press, 1985, p. 57. Grifou-se.
28. TAYLOR. *Human...*, cit., p. 45.

Valores são essenciais para o entendimento social recíproco de quais são os seres merecedores de dignidade, e *como realizar* essa dignidade. Têm forte matriz histórico-cultural e é a partir deles que se entende a pessoa. Não há o fenômeno da personalidade desprovido de um contexto histórico-cultural compartilhado por todos seres capazes de autointerpretação.

Impossível conceber a pessoa humana de forma absolutamente não valorativa, ou seja, somente como objetos, e *desligados* do seu contexto histórico e cultural[29]. Também não há como descrever a pessoa humana sem referência à sua experiência interna, sem sua autointerpretação, ou sem sua experiência externa, pois é justamente essa vivência em comunidade – ou em um dado Mundo da Vida – que lhe é constitutiva[30]. Afinal, "[a] reivindicação é que nossa autointerpretação e nossa experiência são constitutivos de nós mesmos"[31].

Para tentar ser mais claro, há determinadas ações consideradas desumanas. Uma pessoa que vive em uma determinada região, sem requisitos mínimos de higiene, sem água tratada, sem esgoto, ao olhar do Ocidente está submetida a "tratamento desumano". No rigor técnico, falta, nesse caso, um valor (as condições de habitação) que possa conduzir a pessoa a uma vida digna, boa, que vale ser vivida. Tal valor é, portanto, constitutivo do que se considera pessoa humana, pois a cultura contemporânea ocidental o tem como constitutivo da personalidade.

O caráter contingente dos valores constitutivos da pessoa natural não implica a rejeição de alguns valores que, historicamente, foram conquistados. As experiências de Bem e Mal podem e devem ser aproveitadas. Os valores são, sim, afirmações culturais de uma dada comunidade e em um dado espaço geográfico. Mas esses valores podem ser tão necessários para a concepção de pessoa natural, que ganharam, no Ocidente, e a partir das Declarações de Direitos do Homem, o *status* de normas obrigatórias, garantidoras de direitos da personalidade:

> O mundo moral dos modernos é significativamente diferente do de civilizações precedentes. [...] O que é peculiar no Ocidente moderno entre tais civilizações superiores é que sua formulação aprovada para esse princípio de respeito tenha surgido em termos de direitos[32].

Os direitos devem ser atinentes a todas as pessoas, conforme se percebe a partir da Revolução Francesa. Mas outra grande conquista da Modernidade está no papel que a pessoa natural tem diante desses direitos subjetivos: "o possuidor pode e deve agir para colocá-los em vigor"[33].

---

29. Cf. TAYLOR. *Human...*, *cit.*, p. 46.
30. Cf. TAYLOR. *Human...*, *cit.*, p. 47. Cf. GADAMER. *Verdade...*, *cit.*, *passim.*
31. TAYLOR. *Human...*, *cit.*, p. 47.
32. TAYLOR. *The Sources...*, *cit.*, p. 11.
33. TAYLOR. *The Sources...*, *cit.*, p. 11.

CAPÍTULO IV • CONSTRUINDO A PESSOA: VALORES E DIREITOS DA PERSONALIDADE

Outro ponto decisivo, em especial após o ocaso das teorias jusnaturalísticas, foi a percepção de que não há uma fonte moral única, capaz de ser a matriz de valores que conduzam à vida boa. As teorias procedimentalistas de direito, hodiernas, bem representam isso. A opção por afirmar valores válidos para toda a sociedade é substituída pela possibilidade dada aos interlocutores de construírem, pragmaticamente, os valores constitutivos da pessoa humana, em cada contexto.

[A] ideia moderna da liberdade é o mais forte motivo para a passagem maciça de justificações substantivas para procedimentais no mundo moderno[34].

De certa maneira, o imperativo categórico de Kant é substituído pela já citada regra geral de universalização proposta por Habermas[35].

A inovação habermasiana, contudo, não é tão radical. Na verdade, a opção kantiana, no caso, é bem clara, pois, como dito, ele toma autonomia e igualdade como requisitos *a priori* para todos os seres capazes de fala. Mesmo que haja espaço para a construção intersubjetiva de novos valores, pode-se falar que Habermas não abre mão de hiperbens:

A ideia de que uma norma justifica-se enquanto todos a aceitem, sem nenhuma coerção, é uma nova e interessante variante da ideia procedimental. Ela deve algo [ou muito] a Kant, mas oferece [...] um procedimento 'dialógico' no qual cada agente pode executar por si mesmo. Porém, essa mudança parece ser um passo à frente precisamente porque envolve uma aceitação mais completa da livre autodeterminação de pessoas diferentes[36].

A participação ativa da pessoa na constituição, interpretação e aplicação dos direitos constitutivos da personalidade é tão importante quanto a afirmação, sob a forma de lei, dos direitos da personalidade:

Falar de direitos humanos [ou da personalidade] universais, naturais, é conectar o respeito pela vida e integridade humanas *à noção de autonomia*. É conceber as pessoas como colaboradores ativos no estabelecimento e garantia do respeito que lhes cabe [...]. A *autonomia* é agora *central*[37].

A noção de ser pessoa não se reduz a ter direitos subjetivos. Inclui-se, aí, também, a *autoconsciência* em um dado contexto histórico-cultural, dando significância a certas ações que afirmem a sua condição[38].

---

34. TAYLOR. *The Sources...*, *cit.*, p. 86.
35. HABERMAS. *Between...*, *cit.*, p. 459.
36. TAYLOR. *The Sources...*, *cit.*, p. 86.
37. TAYLOR. *The Sources...*, *cit.*, p. 12. Grifou-se.
38. Cf. TAYLOR, Charles. The Person. In: CARRITHERS, Michael, COLLINS, Steven & LUKES, Steven. *The Category of Person. Anthropology, philosophy, history.* Cambridge: Cambridge University Press, 1985, p. 266.

Pode-se, então, definir direitos da personalidade como direitos subjetivos que põem em vigor, através de normas cogentes, valores constitutivos da pessoa natural e que permitem a vivência de escolhas pessoais (autonomia), segundo a orientação do que significa vida boa, para cada pessoa, em um dado contexto histórico-cultural e geográfico.

No Brasil, tais direitos estão, primordialmente, no art. 5º da Constituição da República e no Código Civil. Porém, há que se ressaltar, pelo já exposto no Capítulo I, que eles só terão eficácia de fato se adquirirem o *status* de normas pós-nacionais.

No contexto, a *renúncia* ao exercício de direitos da personalidade irá *promover a articulação entre pessoa e direitos da personalidade* como *valores constitutivos*.

A ideia de *devir*, associada à pessoa, será fundamental:

> [O] homem [e, logicamente, a Pessoa] não tem uma natureza ou uma *essência* que lhe seja previamente dada, não é uma *substância* – noção própria da região da matéria que não deve ser transposta para o plano antropológico – mas é um ser *singular* e *livre, em construção permanente e incessante, possibilidade de ser que nunca chega a ser plenamente realizada*[39].

Eis o tema do próximo Capítulo.

---

39. BRAZ TEIXEIRA, António. A Justiça e a Crise do Direito Natural. In: CUNHA, Paulo Ferreira da. *Direito Natural, Religiões e Culturas*. [S. l]: Coimbra Editora, 2004, p. 203. Grifou-se.

Capítulo V
A RENÚNCIA AO EXERCÍCIO DE DIREITOS DA PERSONALIDADE

1. RENÚNCIA A DIREITO DA PERSONALIDADE E RENÚNCIA AO *EXERCÍCIO* DE DIREITO DA PERSONALIDADE

Para iniciar a discussão ora proposta, faz-se necessário distinguir a *renúncia ao exercício de direito da personalidade* da *renúncia ao direito da personalidade* em si.

Contudo, parte da teoria chega a negar a diferenciação. Não haveria distinção entre a não possibilidade de exercício fático de um direito da personalidade e a renúncia à titularidade do direito em si:

> [U]m direito que subjetivo que desaparecesse enquanto possibilidade de exercício seria, em termos de resultado material, um *nudum jus*, ou seja, um direito sem conteúdo essencial[1].

Não parece haver consistência nessa linha de argumentação. Quando se trata de diferenciar esses dois tipos de renúncia, na verdade, está-se, na verdade, distinguindo planos bem diversos do direito.

Por um lado, a renúncia ao exercício de um direito da personalidade, no plano valorativo, é a afirmação da autonomia da vontade da pessoa natural. Tome-se, *v. g.*, a renúncia ao direito de falar (voto de silêncio), comum em certas ordens religiosas, como a dos frades cartuxos. Há a afirmação da própria pessoa humana (como se verá, na fundamentação ético-valorativa da renúncia), que busca uma condição de vida boa, considerada a mais digna. Pode ocorrer, inclusive, situação em que a pessoa esteja proibida de exercer um determinado direito da personalidade. É o caso de um médico, proibido de se pronunciar acerca de detalhes da vida de seu paciente, quando sob a égide do segredo médico[2].

Situação plenamente diversa encontra-se quando uma pessoa perde a titularidade do direito. Nesse caso, o direito da personalidade é extirpado, não existindo mais *condições de possibilidade* para seu exercício:

---

1. NOVAIS, Jorge Reis. Renúncia a Direitos Fundamentais. In: MIRANDA, Jorge (Org). *Perspectivas Constitucionais nos 20 Anos da Constituição de 1976*. [S. l.]: Coimbra Editora, 1996, v. I, p. 279.
2. Cf. STANCIOLI. *Relação..*, *cit.*, p. 73-83.

> [R]enunciar à titularidade de uma posição jurídica tutelada por uma norma de direito fundamental [ou de Direito da Personalidade] é renunciar total e irrevogavelmente [...] às faculdades ou poderes que decorrem desta posição [...] enquanto a renúncia ao mero exercício nunca é, pelo menos, definitiva [uma vez que] o sujeito [continua] na titularidade jurídica[3].

Um exemplo histórico pode ser apontado. Durante a Idade Média, já houve a nefasta "morte civil", impingida aos leprosos. Quando um caso de lepra era apontado, o doente era conduzido à igreja, cantava-se sobre ele o ofício dos mortos e era decretada sua morte civil:

> A exclusão formal da sociedade privava o leproso de seus direitos civis. Ele se tornava uma não pessoa, impossibilitada de legar ou herdar a propriedade, de defender suas demandas em tribunal etc.[4]

Para um observador que não tenha conhecimento da motivação da renúncia, as situações podem aproximar-se: uma pessoa que não fala por opção ou obrigação está, ainda que circunstancialmente, igualada à pessoa que teve seu direito de livre-expressão extinto. Mas a *ratio* de ambos os casos é muito diversa. Além disso, na *renúncia ao exercício*, a personalidade jurídica do agente fica intacta, enquanto na *renúncia à titularidade*, há uma afetação da personalidade da pessoa natural.

Tal disposição é posta, de maneira lapidar, pelo Código Civil Português:

> Art. 69º
> Ninguém pode renunciar, no todo ou em parte, à sua capacidade jurídica.

Ressalte-se que, aqui, se está tomando Personalidade e capacidade jurídica (de direito, segundo o art. 67º do mesmo Código) *como sinônimos perfeitos*, contrariamente à distinção entre personalidade (qualitativa) e capacidade de direito (quantitativa), feita por alguns autores, ainda que abalizados[5].

Não resta mais espaço, hodiernamente, para a perda (ainda que voluntária) de direito da personalidade, que, no extremo, levaria à perda da própria personalidade (morte civil). Se assim fosse, "a privação absoluta da capacidade de a pessoa humana ser titular de direitos e obrigações [em especial no concernente aos direitos da personalidade] transformaria o sujeito em objeto"[6].

---

3. Cf. NOVAIS. *Renúncia...*, *cit*, p. 283.
4. RICHARDS, Jefrey. *Sexo, Desvio e Danação* [Sex, Dissence and Damnation]. Trad. Marco Antônio Esteves da Rocha & Renato Aguiar. Rio de Janeiro: Jorge Zahar Editor, 1993, p. 159.
5. A distinção parece forçada, além de prejudicar o desenvolvimento da teoria de Entes de Personalidade Reduzida, pois, nessa lógica, eles teriam Personalidade (qualitativa), sendo, portanto, pessoas, apesar da Capacidade de Direito reduzida (quantitativa). Cf. EBERLE, Simone. *A Capacidade entre o Fato e o Direito*. Porto Alegre: Sergio Antonio Fabris, 2006, p. 46.
6. JAYME, Fernando Gonzaga. *Direitos Humanos e sua Efetivação pela Corte Interamericana de Direitos Humanos*. Belo Horizonte: Del Rey, 2005, p. 121.

CAPÍTULO V • A RENÚNCIA AO EXERCÍCIO DE DIREITOS DA PERSONALIDADE

2. A RENÚNCIA PROIBIDA

A irrenunciabilidade *ao exercício* de direitos da personalidade também chega a ser comum na dogmática jurídica. Inúmeros são os autores que afirmam tal proposição.

Veja-se a obra clássica de De Cupis:

> Os direitos da personalidade não podem ser eliminados por vontade de seu titular – é o que costuma exprimir-se, geralmente dizendo que os *direitos da personalidade são irrenunciáveis* [...]. Por isso, fazer da renunciabilidade um requisito do direito subjetivo, *significa atribuir à 'vontade' uma relevância absolutamente exagerada e errônea"*[7].

Caio Mário, por sua vez, destaca que "[i]ntimamente vinculados à pessoa, são intransmissíveis, *insuscetíveis de renúncia*, são imprescritíveis"[8]. Também, para Maria Helena Diniz, "[o]s direitos da personalidade são absolutos [...] indisponíveis, *irrenunciáveis*"[9].

E mesmo em obras mais recentes, tal asseveração é corriqueira, ainda que irrefletida:

> Nesse sentido, [os direitos da personalidade] *são irrenunciáveis*, pois a pessoa não pode abdicar de seus direitos da personalidade, mesmo que não os exercite por longo tempo, uma vez que ele [sic] é inseparável da personalidade humana[10].

A inspiração parece ter vindo do Código Civil Peruano, de 1984, que, em seu artigo 5º, dispõe:

> Irrenunciabilidade dos Direitos Fundamentais.
>
> O Direito à vida, à integridade física, à liberdade e à honra e demais inerentes à pessoa humana são *irrenunciáveis* e *não podem ser objeto de cessão. Seu exercício não pode sofrer limitação voluntária*, salvo o disposto no art. 6º [Grifou-se].

Assim, no Código Civil Brasileiro, de 2002, tem-se no art. 11:

> Com exceção dos casos previstos em lei, os direitos da personalidade são intransmissíveis e *irrenunciáveis, não podendo seu exercício sofrer limitação voluntária.* [Grifou-se]

---

7. DE CUPIS, Adriano. *Os Direitos da Personalidade*. Campinas: Romana Jurídica, 2004, p. 58. Grifou-se.
8. Cf. SILVA PEREIRA, Caio Mário da. Direitos da Personalidade. *Revista do Instituto dos Advogados de Minas Gerais*, Belo Horizonte, n. 1 [Nova fase], 1995, p. 262. Grifou-se.
9. DINIZ, Maria Helena. *Curso de Direito Civil Brasileiro* 20. ed. São Paulo: Saraiva, 2003, p. 120. v. I: Teoria Geral do Direito Civil. Grifou-se.
10. BELTRÃO, Silvio Romero. *Direitos da Personalidade de Acordo com o Novo Código Civil*. São Paulo: Atlas, 2005, p. 27. Grifou-se.

Note-se a contundência do Código Civil, que distingue, inclusive, a renúncia – de direito – da renúncia ao exercício (limitação voluntária).

3. A CRÍTICA DE VILLELA

O Código Civil Brasileiro agrilhoou as pessoas naturais a seus direitos[11]. De fato, há uma total subversão da lógica atinente aos direitos subjetivos, nos quais sempre há uma postura ativa do titular ante a norma!

Umas das mais bem fundamentadas críticas à disposição contida no art. 11 do Código Civil Brasileiro vem de Villela[12].

O autor cita a vetusta (mas atualíssima) lição do Digesto: "[q]uum igitur hominum causa omne jus constitutum sit [...]" (D. 1, 5,2)[13].

O Código Civil Brasileiro, portanto, nega o próprio devir à pessoa natural, pois "[s]ó uma visão estática da personalidade poderia levar a uma categorização absoluta do exercício dos direitos que lhe são próprios"[14].

Em um esforço hermenêutico realizado na Jornada de Direito Civil, promovida pelo Centro de Estudos Judiciários do Conselho da Justiça Federal, Villela propôs a seguinte leitura do art. 11 do Código Civil:

> O exercício dos direitos da personalidade pode sofrer limitação voluntária, desde que não seja permanente nem geral[15].

É nas palavras de Villela que se encontra a melhor justificativa para o enunciado:

> O art. 11 não pode ter querido excluir em caráter absoluto a abdicação voluntária dos direitos da personalidade, pois isso equivaleria a fazer deles antes uma prisão para seu titular, do que uma proteção de sua liberdade [...][16].

No sentido exato do enunciado proposto por Villela, cite-se o acórdão 256/2004 do Tribunal Constitucional de Portugal[17]. Nesse caso, o autor *A*, empregador, propôs ação indenizatória contra *B*, empregado, por "violação de pacto de não concorrência". Alegou *A*, em suma, que:

---

11. Cf. VILLELA. O Novo..., *cit.*, p. 57.
12. Cf. VILLELA, João Baptista. O Novo Código Civil Brasileiro e o Direito à Recusa de Tratamento Médico. Modena, *Roma e America. Diritto Romano Comune.* n. 16, 2003, p. 55-64.
13. Quando, pois, a causa seja dos homens, todo Direito [está] constituído.
14. VILLELA. O Novo..., *cit*, p. 58.
15. NERY JUNIOR, Nelson & NERY, Rosa Maria de Andrade. *Código Civil Comentado.* 4. ed. São Paulo: Revista dos Tribunais, 2006, p. 1057.
16. VILLELA. O Novo...*cit.*, p. 58. Grifou-se.
17. PORTUGAL. Tribunal Constitucional (2ª Secção). Acórdão 256/2004. Relator: Conselheiro Mário Torres. Lisboa, 14 de abril de 2004.

CAPÍTULO V • A RENÚNCIA AO EXERCÍCIO DE DIREITOS DA PERSONALIDADE | **69**

a) Contratou *B* em regime de exclusividade de serviços;

b) O contrato obrigava *B* a não exercer, por dois anos contados da cessação do contrato, serviços profissionais, da mesma natureza, a concorrentes e/ou fornecedoras de *A* (*pacto de não concorrência*);

c) *B* negligenciou o contrato de trabalho;

d) Após a cessação do contrato, *B* passou a trabalhar para empresa concorrente de *A* (violação do *pacto de concorrência*).

B, por sua vez, defendeu-se alegando que:

a) Só encontrou trabalho em empresa concorrente;

b) O *pacto de não concorrência* é inconstitucional, por ferir a liberdade de trabalho, que é indisponível.

Em primeiro grau, a sentença deu ganho de causa a *B*, já que o pacto feriria a liberdade de trabalho, sendo, portanto, inconstitucional.

Porém, o Tribunal Constitucional Português entendeu que o pacto de não concorrência é perfeitamente legal e constitucional, desde que seja por tempo determinado (inteligência do art. 81°, n. 2 do Código Civil Português, que será comentado, *infra*).

Outro exemplo oportuno é um acórdão do Tribunal da Relação de Évora, de 2005[18].

Nesse caso, o jogador de futebol *A* cedeu, por 4 anos, a *B*, a exploração de seu direito à imagem, seja diretamente por *B*, seja cedendo a terceiros, à livre escolha de *B*. O negócio jurídico foi considerado nulo por se tratar de "cedência genérica e abstrata"[19].

Verifica-se, assim, que ambas decisões se deram no mesmo sentido do enunciado 4 (art. 11 do Código Civil Brasileiro) proposto por Villela.

4. RENÚNCIA COMO *NUMERUS CLAUSUS*

Há determinados casos em que o próprio texto legal já prevê a possibilidade de renúncia ao exercício de direito da personalidade. É o que ocorre no art. 13 do Código Civil, que dispõe:

---

18. ÉVORA. Tribunal da Relação de Évora (Secção Cìvel). Acórdão 2788/04-3. Relator: Bernardo Domingos. Évora, 24 de fevereiro de 2005.

19. Cf. ÉVORA, *cit.*

> Salvo por exigência médica, é defeso o ato de disposição do próprio corpo, quando importar diminuição permanente da integridade física, ou contrariar os bons costumes.
>
> Parágrafo único: O ato previsto neste artigo será admitido para fins de transplante, na forma estabelecida em lei especial.

A lei especial, no caso, é a Lei 9.434, de 4 de janeiro de 1997, que "dispõe sobre a remoção de órgãos, tecidos e partes do corpo humano para fins de transplante e tratamento e dá outras providências". Há previsão legal, inclusive, de transplante *inter vivos*, nos termos do art. 9º da mesma lei.

Situação análoga ocorre no concernente aos direitos ao nome, imagem de autor etc., sobre os quais a lei faculta a renúncia voluntária ao exercício do direito de personalidade.

Nem mesmo os ditos "mais valiosos direitos" da pessoa humana (mais valiosos para quem?) devem ter tratamento diverso. A vida não pode ser um limite para a liberdade[20]. Tome-se, por exemplo, quem está em greve de fome. Se irrenunciável o direito à vida, chegará um momento em que se terá a abjeta situação da alimentação compulsória do grevista (intubação para fins alimentares). Isso é mais que aviltante: é *negar qualquer afirmação plena do sentido da vida* em si, para muito além de seus limites biológicos. Nas emblemáticas palavras de Villela:

> Pretender, assim impedir que o grevista leve a cabo sua causa, consumindo sua vida por inanição, é, desde logo, querer opor um veto à capacidade do homem de superar-se a si próprio[21].

Quem pode fazer a articulação de sua vida com os valores que lhes são mais caros (hiperbens) é somente – e tão somente – o titular dos direitos. Pretender que o legislador escolha quais direitos da personalidade podem ter limitações voluntárias, é afirmar a possibilidade de hierarquização em abstrato desses direitos, o que contraria toda a lógica da hermenêutica contemporânea.

Na verdade, todos os direitos da personalidade têm o mesmo valor, não são hierarquizáveis em abstrato[22]. Inclusive, a escolha do mais adequado, ou do preponderante, em caso de conflitos, só ocorre à luz do caso concreto[23].

---

20. Cf. VILLLELA. O Novo..., *cit.*, p. 61.
21. VILLELA. O Novo..., *cit.*, p. 62.
22. Cf. VILLELA. O Novo..., *cit.*, p. 55.
23. Cf. ALEXY. *Teoría...*, *cit.*, *passim*; Cf. GÜNTHER. *The* Sense..., cit., passim. Cf. CAPELO DE SOUSA, Rabindranath V. A. *O Direito Geral de Personalidade*. Coimbra: Coimbra Editora, 1995, p. 533-552 *et passim*.

CAPÍTULO V • A RENÚNCIA AO EXERCÍCIO DE DIREITOS DA PERSONALIDADE | **71**

5. A RENÚNCIA COMEDIDA[24]

Situação diversa é encontrada no Código Civil Português em seu artigo 81º (limitação voluntária dos direitos de personalidade):

1. Toda limitação voluntária ao exercício dos direitos de personalidade é *nula*, se for contrária aos *princípios da ordem pública*.

2. A limitação voluntária, quando legal, é sempre revogável, ainda que com obrigação de indenizar os prejuízos causados às legítimas expectativas da outra parte.

[Grifou-se]

Note-se que não há uma casuística de renúncia ao exercício de direitos da personalidade, e sim uma regra geral, diferindo, portanto, do apresentado no tópico anterior.

Pode-se valer do esquema proposto por Dray, para aclarar o dispositivo[25]:

a) Há a possibilidade de renúncia ao exercício de direitos da personalidade.

b) Há a proscrição da renúncia à titularidade de direito de personalidade.

c) Há nulidade da limitação voluntária ao exercício de direito da personalidade, caso haja violação de princípios da ordem pública.

d) Há, a qualquer tempo, a possibilidade (ainda que mediante indenização) de a renúncia ao exercício de direito da personalidade ser desfeita.

Passe-se à análise de (a), (b) e (d).

Há, no caso, grande acerto da lei, pois fica clara a já ressaltada distinção entre renúncia ao *exercício de direito da personalidade* e renúncia ao *direito de personalidade*. A pessoa natural pode revogar, a qualquer tempo, sua renúncia a direito da personalidade.

Para utilizar-se de exemplo já exposto, o frade que fez voto de silêncio pode, a qualquer momento, voltar a exercer seu direito à livre manifestação de pensamento. Da mesma maneira, aquele que cede o uso de sua imagem para veículo de comunicação pode, a qualquer momento, desistir da cessão; os prejuízos causados, no entanto, devem ser ressarcidos, devido à fundada expectativa criada na outra parte de que haveria a cessão do uso da imagem.

O grande problema advém da ressalva feita em (c): há alguma correlação entre *ordem pública* e *inibição da renúncia ao exercício* dos direitos da personalidade?

---

24. Para análise circunstanciada do assunto, cf. PAIS DE VASCONCELOS. *Direito...*, *cit.*, p. 155-168.

25. Cf. DRAY, Guilherme Machado. *Direitos de Personalidade*: Anotações ao Código Civil e ao Código do Trabalho. Lisboa: Almedina, 2006, p. 59.

Acerca do assunto, uma das decisões mais comentadas concerne ao *arremesso de anões*, ocorrida em França, nas comunidades de *Morsang-sur-Orge* e *Aix-en-Provence*.

Havia, na ocasião, um esporte que consistia em arremessar pessoas portadoras de nanismo. O caso, depois de proibições político-administrativas locais, acabou em juízo, sendo proibido, em decisão de última instância, pelo Conselho de Estado (*Conseil d'état*).

Em circunstanciado artigo, Gros e Froment elencam argumentos favoráveis e contrários à decisão do Conselho de Estado, que podem ser assim resumidos[26]:

a) Em favor da proibição

- A moral pública é elemento da ordem pública. Assim, a dignidade da pessoa humana, como expressão dessa moral, deve ser tida como elemento da ordem pública.

- O poder de polícia municipal tem como objetivo resguardar a ordem pública.

- A autoridade investida do poder de polícia pode, mesmo na ausência de circunstâncias locais particulares, impedir uma atração atentatória à dignidade da pessoa humana e à própria ordem pública.

- O arremesso de anões reduz o corpo do anão à condição de projétil (objeto), o que atenta contra o princípio da dignidade da pessoa humana.

- O exercício da liberdade de trabalho e de comércio não impede que um espetáculo, mesmo lícito, seja interditado para se resguardar a ordem pública.

b) Contra a proibição do Conselho:

- Ao se interditar um espetáculo, deve-se analisar, de maneira concreta, o seu caráter imoral e exigir a existência de circunstâncias locais que tornem a medida necessária.

- A decisão do Conselho evidencia um sistema de repressão social relativa aos deficientes físicos, enraizado na sociedade, e que se originou, primordialmente, no *higienismo* do século XIX, em França. A anomalia física, considerada como patologia, está na origem de uma exclusão social e física do deficiente. Há uma tentativa de impedir a publicidade de um corpo socialmente desvalorizado.

---

26. GROS, Manuel et FROMENT, Jean-Charles. Notes de Jurisprudence(C.E., Ass., 27 octobre 1995, Commune de Morsang-sur-Orge; Ville d'Aix-em-Provence). Paris, *Revue de Droit Public*, Mars-Avril, 1996, p. 56-564.

CAPÍTULO V • A RENÚNCIA AO EXERCÍCIO DE DIREITOS DA PERSONALIDADE

- Há uma confusão quanto ao objeto. Fala-se de *pessoa* quando, na verdade, quer-se referir meramente a *corpo*. Porém, é da própria lógica da dignidade poder transcender o corpo.

- A demagogia da sociedade impede a aceitação da importância do dinheiro na vida social. Pensa-se o princípio da dignidade humana sem se considerar a dimensão socioeconômica.

Também Junqueira de Azevedo apresenta argumentos em favor da decisão do Conselho de Estado[27]. Observa o autor que o arremesso de anões fere a dignidade da pessoa humana, pois, nesse caso, "o anão estava sendo tratado como coisa"[28]. Além disso, houve ofensa ao direito à igualdade.

Em que pesem os argumentos em favor da proibição do arremesso de anões, a decisão deveria ser inversa, ou seja, o dito esporte deveria ter sido *permitido*.

Em primeiro lugar, há certa *reificação* dos anões, mas restrita ao corpo. Não alcança a pessoa – que não prescinde do corpo, mas não se reduz a ele – em todas as suas dimensões. A reificação é perfeitamente aceitável, desde que haja a autorização (manifestação da autonomia da vontade) de quem será reificado[29]. Os exemplos podem ser os mais diversos: desde intervenções médicas (precedidas de consentimento informado)[30] até situações laborais, em que a força de trabalho é instrumentalizada em prol do ganho financeiro.

Mais além, não parece que a autonomia da vontade possa estar subordinada à ordem pública. Pelo contrário, a autonomia é um dos elementos constitutivos da ordem pública! Pensar em autonomia da vontade é não pensar em atomismo[31]. Deve-se tomá-la como construto dialógico, em que todos os interessados sejam chamados à manifestação. Nesse sentido, a ordem pública não deve ser uma imposição, mas uma construção ético-discursiva que envolva, primordialmente, todos afetados pela norma[32].

Impedir que os anões façam uso de seus corpos por imposição unilateral de uma norma, é, *aí sim*, uma reificação de sujeitos de direito, que não foram tomados como verdadeiros atores de seus direitos subjetivos.

A presunção deve ser sempre da liberdade de ação. Pode-se afirmar:

---

27. JUNQUEIRA DE AZEVEDO, Antonio. *Estudos e Pareceres de Direito Privado*. São Paulo: Saraiva, 2004, p. 3-24.
28. JUNQUEIRA DE AZEVEDO. *Estudos...*, *cit.*, p. 21.
29. Cf. Cap. IV, 3, *supra*.
30. Cf. STANCIOLI. *Relação...*, *cit.*, *passim*.
31. CRITTENDEN, Jack. *Beyond Individualism: Reconstituting the Liberal Self*. New York: Oxford University Press, 1992, p. 77.
32. Cf. Cap. IV, 2, *supra*.

O reconhecimento, no direito ao livre desenvolvimento da personalidade, de uma dupla dimensão: a *tutela da personalidade*, enquanto substrato da individualidade e nos seus diversos aspectos, e a *tutela da liberdade geral de ação da pessoa humana*[33].

Em outras palavras, a *renúncia* é *fator fundante* do *livre desenvolvimento da personalidade* e da afirmação da pessoalidade. Mais, a renúncia é a mais perfeita expressão do direito ao livre desenvolvimento da personalidade.

---

33. MOTA PINTO, Paulo. O Direito ao Livre Desenvolvimento da Personalidade. In: PÁDUA RIBEIRO, Antônio de *et al. Portugal-Brasil Ano 2000*. [s.l.]: Coimbra Editora, 1999, p.163. [Grifou-se]

Capítulo VI
CONCLUSÃO: PESSOA E RENÚNCIA COMO EXPRESSÕES DA LIBERDADE

É de Machado de Assis uma das mais belas e representativas análises da pessoa humana. Trata-se de "O Espelho", conto publicado, pela primeira vez, no ano de 1882[1].

O autor utiliza-se de uma parábola para caracterizar a natureza da alma. Por intermédio de um personagem, apresenta, logo no início da trama, uma asserção intrigante:

> Em primeiro lugar, não há uma só alma, mas duas...[...] Nada menos de *duas almas*. Cada criatura humana traz duas almas consigo: *uma que olha de dentro para fora*, outra que *olha de fora para dentro* [...]. As duas *completam o homem*, que é, metafisicamente, como uma laranja. Quem perde uma das metades, perde naturalmente metade da existência; e casos há, não raros, em que *a perda da alma exterior implica da existência inteira*[2].

Ainda por intermédio do mesmo personagem, prossegue a história.

Um indivíduo pobre, em seus vinte e cinco anos, fora nomeado alferes da guarda nacional. Com o cargo, conseguira o orgulho da mãe e de todos demais parentes, que passaram a chamá-lo pelo título "Seu Alferes". Certa feita, o jovem alferes visitou uma tia, em um sítio. Na oportunidade, ganhou várias e obsequiosas regalias, como a de ter, em seu quarto, um enorme espelho, com enfeites em ouro e madrepérola. Não o tratavam senão pelo título, sempre e de forma reiterada – "seu alferes", "seu alferes", "seu alferes" – até se chegar ao ponto em que "o alferes eliminou o homem"[3]. A tia, então, teve que realizar, por ocasião de doença de uma das filhas, uma viagem. Pediu ao sobrinho alferes que tomasse conta do sítio. Na mesma noite, os escravos que habitavam a propriedade, aproveitando-se do fato, fugiram, todos, deixando o alferes só. Tal fato causou grande

---

1. Cf. MACHADO DE ASSIS. O Espelho. Esboços de uma Nova Teoria da Alma Humana. In: *Machado de Assis: Seus Trinta Melhores Contos*. Selec. Barreto Filho *et al.* 4. ed. Rio de Janeiro: Nova Fronteira, 1994, p. 127-135.
2. MACHADO DE ASSIS. O Espelho..., *cit.*, p. 128. Grifou-se.
3. MACHADO DE ASSIS. O Espelho..., *cit.*, p. 131.

depressão e melancolia ao rapaz, que passou a comer mal e a se sentir cada vez mais acabrunhado. Eis que ele tem uma inspiração: vestir o uniforme de alferes e olhar-se no espelho que restava, ainda, em seu quarto. O efeito foi, então, surpreendente, levando-o a afirmar: "era eu mesmo, o alferes, que achava, enfim, a alma exterior"[4]. Para afirmar sua identidade de alferes, mirava-se, por duas a três horas diárias, no espelho, sempre devidamente fardado. Assim, pôde enfrentar o tempo de solidão no sítio com alguma "dignidade".

O conto de Machado de Assis mostra, de maneira refinada, aquilo que ele chama de "alma humana", mas que pode, também, ser uma análise da pessoa.

Com base nessa história, é possível afirmar que essa atribuição, própria da pessoa, apresenta três dimensões. Há uma certa "alma interior", como afirma Machado de Assis, ou a *interioridade*. Essa dimensão está imbricada com a outra, a *exterioridade* (alma exterior). De fato, comunicam-se, coadjuvam-se. Há uma reciprocidade contínua, necessária e inexorável entre ambas. A externa afeta a interna, mesmo inconsciente e sutilmente. Por outro lado, a alma interna sempre procura externar-se, ver-se *refletida* na externa. Sempre sujeita ao devir, a alma externa "muda de natureza, e de estado"[5]. Situa-se em relação ao mundo e comunica sua existência à alma interna, sem a qual não possui sentido. Não se podem destacar uma da outra. Impossível menosprezar uma alma em prol da outra.

Machado de Assis, psicólogo e sociólogo, apresenta, nesse conto, a reciprocidade existente entre o "interior" da pessoa e o seu "exterior". Além, sua autocondução a um patamar de vida que ele considerava melhor, mais benéfica para si. O resultado do processo interativo é a construção das bases da personalidade. Só assim se pode atingir sua terceira dimensão: o alferes, ao restaurar sua identidade, expondo sua "alma que olha de dentro para fora", atingindo a sua alma que "olha de fora para dentro", recobra a sua noção de *vida digna*.

Há uma conexão possível entre o belíssimo conto de Machado de Assis e a análise, não menos requintada, de Foucault, acerca do quadro "As Meninas", de Velásquez[6].

---

4. MACHADO DE ASSIS. O Espelho..., *cit.*, p. 135.
5. MACHADO DE ASSIS. O Espelho..., *cit.*, p. 128.
6. FOUCAULT, Michel. *As Palavras e as Coisas: Uma Arqueologia das Ciências Humanas* [Le Mots et les Choses – Une archéologie des sciences humaines]. Trad. Salma Tannus Michail. 8. ed. São Paulo: Martins Fontes, 1999, p. 3-21.

CAPÍTULO VI • CONCLUSÃO: PESSOA E RENÚNCIA COMO EXPRESSÕES DA LIBERDADE

Figura 3: *As Meninas*[7].

Foucault sugere que o quadro de Velásquez é um jogo de ausências e representações. O observador externo (que serve de modelo para o pintor) só se vê numa nebulosa imagem especular ao fundo. A melhor representação que tem de si mesmo é o "olhar do pintor". Esse se mostra direto, reverencial. No entanto, o que ele representa na tela nunca está acessível ao observador externo, a não ser pelo semblante do próprio pintor:

---
7. Diego Velázquez, *Las Meninas*, c. 1656. Madrid, Museo del Prado, tela, 3,21 x 2,81 m.

Nenhuma das personagens que participam na cena clássica de uma representação pictórica do par real (da representação do homem como soberano) aparece no quadro como sujeito soberano capaz de se autorrepresentar, ou seja, simultaneamente como sujeito e objeto, como representante e representado[8].

Nesse sentido, o intercurso de olhares do pintor e do observador externo é o *vértice* e o *vórtice* da inter-relação de sujeitos representantes e representados; interior e exterior à tela:

[O] olhar soberano do pintor comanda um triângulo virtual, que define em seu percurso esse quadro de um quadro: no vértice – único ponto visível – os olhos do artista; na base, de um lado, o lugar invisível do modelo, do outro, a figura provavelmente esboçada na tela virada[9].

Como saber que a representação do observador será fidedigna? Não há acesso, a não ser pelo olhar de quem representa: a alma exterior é acessível por via do "olhar do pintor"!

Contudo, há uma forte empatia entre pintor e observador externo. Existe um *medium* entre ambos:

Olhamo-nos olhados pelo pintor e tornados visíveis aos seus olhos pela mesma luz que no-lo faz ver[10].

A expectativa que o observador externo tem é "ser bem representado" pelo pintor. Para tanto, utilizar-se-á de todo o aparato possível para se apresentar condignamente.

Então, qual deve ser o caminho que conduz a pessoa humana a se fazer representar dignamente? Como o observador externo pode zelar por isso?

A busca da vida boa passa por um processo de autoconhecimento. Em argumentos que se fundam em expectativas de vida pós-religiosas (ou seja, o discurso público não se pode legitimar em qualquer instância teológico-meta-física), a construção de uma vida boa ou digna está a cargo das próprias pessoas humanas, capazes de fala e de ação:

[A Filosofia] garante a todos a mesma *liberdade* para desenvolver uma *autocompreensão ética*, a fim de formar uma concepção pessoal de 'boa vida' segundo capacidades e critérios próprios[11].

---

8. HABERMAS, Jürgen. *O Discurso...*, *cit.*, p. 245.
9. FOUCAULT. *As Palavras...*, *cit.*, p. 6.
10. FOUCAULT. *As Palavras...*, *cit.*, p. 7.
11. HABERMAS, Jürgen. *O Futuro da Natureza Humana: A Caminho da Eugenia Liberal?* [Die Zunkunft der menschlichen Natur. Auf dem Weg zu einer liberalen Eugenik?] Trad. Karina Jannini. São Paulo: Martins Fontes, 2004, p. 5. Grifou-se.

CAPÍTULO VI • CONCLUSÃO: PESSOA E RENÚNCIA COMO EXPRESSÕES DA LIBERDADE

Esse percurso recobra a compreensão que a pessoa faz de si mesma. Há uma "des-reificação" autoimposta pelo desconhecimento e alimentada por anomia e apatia sociais. Só assim a pessoa volta a exercitar sua individualidade na alteridade:

> O indivíduo precisa recobrar a consciência de sua individualidade e de sua liberdade [...]. Ele articula a autocompreensão da pessoa que ele gostaria que os outros conhecessem e reconhecessem nele[12].

Os vínculos sociais de solidariedade devem conduzir à busca da realização pessoal de cada um, praticada na alteridade, e reconhecida como "boa" e "digna":

> [A Modernidade tem] como promessa não cumprida: a perspectiva de uma prática autoconsciente em que a autodeterminação solidária de todos se pudesse associar à autorrealização autêntica de cada um individualmente[13].

O limite do exercício da liberdade, da autonomia, está exatamente na *renúncia*. A busca da *vida boa* ou da *vida digna* trilha o caminho do desprendimento ético e moral, além de, substancialmente, da renúncia a direitos, correlacionada à mudança de *status* de vida.

> A *renúncia* é a *expressão verdadeiramente emblemática* da *autonomia da vontade* [...]. *Poder renunciar* é, portanto, a faculdade que denota o *mais elevado grau de afirmação da pessoa no ordenamento jurídico* [...][14].

Não por acaso, as religiões, soteriológicas ou não, afirmam o desprendimento e a renúncia como base para a busca pessoal de uma vida melhor. É forte a passagem do Evangelho de Mateus:

> Se alguém quer me seguir, *renuncie a si mesmo*, tome sua cruz e siga-me[15].

Tal versículo pode ser lido de duas formas.

Numa primeira interpretação, que pode ser chamada de "fraca", toma-se o texto como uma expressão da busca do desprendimento material. Renunciar seria desligar-se de pretensões mundanas de propriedade em prol de uma ascese que conduziria a uma vida melhor.

Parece mais adequado, porém, uma hermenêutica desse trecho de Evangelho que conduz a uma interpretação "forte". Na verdade, o texto leva o intérprete

---

12. HABERMAS. *O Futuro...*, *cit.*, p. 9-10.
13. HABERMAS. *O Discurso...*, *cit.*, p. 310.
14. VILLELA, João Baptista. Sobre Renúncia e Transação no Direito do Trabalho. In: MONTEIRO DE BARROS, Alice (Coord.). *Curso de Direito do Trabalho: Estudos em Memória de Célio Goyatá*. 2. ed. São Paulo, LTr, 1994, v. I, p.149-150. Grifou-se.
15. MATEUS, 17, 24. A mesma passagem, em: Marcos, 8, 24. Grifou-se.

a buscar o exercício pleno da autonomia, de forma quase transcendente, mas ainda muito humana. "Se alguém quer me seguir" impõe a crença na escolha autônoma e madura de uma vida diversa da circunstancialmente vivida. Não há nada imposto, mas uma vocação pessoal a cada um.

O ponto mais significativo é o que convoca à *renúncia de si mesmo*. Trata-se, aqui, de se *desconstruir* como pessoa com vistas a se *reconstruir* de uma forma radicalmente diversa. Há uma *transmutação de valores*, um "esquecimento de si mesmo" na busca de uma vida boa. Esta sim, digna de ser vivida. Apossar-se de si mesmo afirma uma outra vida, que deve ser partilhada por todos que aceitarem o chamado.

O percurso não é nada fácil. Pelo contrário, doloroso e quase ascético. "Toma sua cruz", adverte o texto. Mas as agruras serão compensadas com uma vida boa, que vale ser vivida.

O presente trabalho buscou fundamentar a renúncia ao exercício dos direitos da personalidade. A seguir serão apresentadas as consequências de todo o processo argumentativo.

1. PESSOA E CORPO HOJE

A pessoa (ainda?) não prescinde de ter uma dimensão sensível: o corpo humano. Contudo, ele está sujeito, cada vez mais, a manipulações de toda ordem.

As intervenções médicas têm levado o organismo humano a limites de manipulação extremos. A ideia de uma possível fusão homem-máquina soa inexorável. No atual estado da medicina, já se podem perceber que essas atuações no corpo levarão a seres que tenham, mesmo em nível cerebral, interações com dispositivos eletromecânicos.

Mas o grande problema posto hoje para a medicina diz respeito a genética e corpo humano. Há duas correntes ideológicas opostas nesse sentido. Uma identifica corpo humano com pessoa. A outra parece não valorizar o corpo humano como elemento da pessoa.

Segundo a primeira linha, cresce a ideia de "identidade genética", e, mesmo, de "direito à cognição da ascendência biogenética". Não são poucos os autores que se têm posicionado a esse respeito. Otero, por exemplo, faz uma leitura extremamente biologista da pessoa humana, ao correlacionar dignidade pessoal e identidade genética[16]. Afirma uma identidade genética guardadora da "pessoa

---

16. OTERO, Paulo. *Personalidade e Identidade Genética do Ser Humano: Um Perfil Constitucional da Bioética*. Coimbra: Almedina, 1999, p. 84.

CAPÍTULO VI • CONCLUSÃO: PESSOA E RENÚNCIA COMO EXPRESSÕES DA LIBERDADE

humana na sua humanidade natural [sic]"[17]. O suposto fundamento legal, alegado, encontra-se na Constituição da República Portuguesa:

Artigo 26º

(Outros direitos pessoais)

[...]

3. A lei garantirá a dignidade pessoal e a identidade genética do ser humano, nomeadamente na criação, desenvolvimento e utilização das tecnologias e na experimentação científica.

A leitura pode levar a problemas na ordem dos direitos, como a vinculação entre identidade genética e humanidade[18]! Haveria, assim, um suposto "princípio geral de direito à verdade biológica"[19].

Porém, a crítica acerca da concepção estritamente naturalista de pessoa humana é muito contundente. Segundo Sloterdijk:

[A] *essência do ser humano* não pode jamais ser expressa em uma perspectiva zoológica ou biológica, mesmo que a ela se acresça regularmente um fator espiritual ou transcendente[20].

Há uma descontinuidade, que não é biológica, entre a bestialidade e a pessoa humana. Não há, oculto na composição biogenética da pessoa, uma característica determinante, quantificável, mensurável, ingenuamente palpável, do "caráter humano"[21]. Ocorre, então, um salto, que transcende a rude e simplória análise da composição genética do ser.

[E]xiste entre o homem e o animal não uma diferença de gênero ou de espécie, mas uma diferença ontológica, razão pelo qual o primeiro não pode ser concebido, sob nenhuma circunstância como um animal com algum acréscimo cultural ou metafísico[22].

Em sua análise acerca do humanismo, Sloterdijk gerou imensa polêmica[23]. Em uma consistente argumentação, o autor descortina o ser humano percorrendo os seguintes passos:

---

17. OTERO. *Personalidade...*, *cit.*, p. 88.
18. OTERO. *Personalidade...*, *cit.*, p. 87.
19. OTERO. *Personalidade...*, *cit.*, p. 90.
20. SLOTERDIJK, Peter. *Regras para o Parque Humano: Uma Resposta à Carta de Heidegger Sobre o Humanismo* [Regeln für den Menschenpark: Ein Antwortschreiben zu Heideggers Brief über den Humanismus]. Trad. José Oscar de Almeida Marques. São Paulo: Estação Liberdade, 2000, p. 25. Grifou-se.
21. Cf. FERNÁNDEZ-ARMESTO, Felipe. *Então Você Pensa que é Humano?: Uma Breve História da Humanidade.* [So you think you're human? A brief history of mankind]. Trad. Rosaura Eichemberg. São Paulo: Companhia das Letras, 2007, *passim*.
22. SLOTERDIJK.. *Regras...*, *cit.*, p. 25.
23. A referência é a respeito do embate Sloterdijk-Habermas nos fins do século passado.

a) O ser humano (*ens humanum*) é o próprio guardião do significado de "ser" humano (*quid sit ens humanum*). Sua caracterização não pertence à natureza, ao acaso ou a qualquer força metafísica, pois a "*humanitas* não inclui só a amizade do ser humano pelo ser humano; ela implica também – e de maneira crescentemente explícita – que o homem representa o mais alto poder para o homem"[24].

b) De modo progressivo, a pessoa humana irá assumir, paulatinamente, um papel ativo na sua autocondução à própria composição genética[25].

c) Em uma asserção que lembra Kant, ao conclamar o homem a assumir sua maturidade, afirma Sloterdijk que o poder de autosseleção genética causará enorme desconforto, e será uma "opção pela inocência" não exercitar a autonomia de escolha e posicionamento nesses casos[26].

A constituição de si mesmo não é meramente genética, mas, fundamentalmente, "espiritual". As pessoas humanas reconhecem-se, intersubjetivamente, e, no domínio da linguagem, como seres dignos de valoração. As tentativas de reconhecimento da pessoa humana, a partir das ciências "da natureza", vêm sendo rechaçadas há muito, também por outros motivos.

Em oposição, há linhas de conhecimento – que embora soem, à primeira vista, um tanto quanto esotéricas – que buscam uma "humanidade independente do corpo", que "é visto por alguns entusiastas das novas tecnologias como um vestígio indigno fadado a desaparecer em breve"[27].

Trata-se de comunidades científicas que especulam sobre a possibilidade de existência não corpórea da pessoa humana, sem recair na metafísica tradicional.[28]

Seria, por exemplo, a hipótese de pessoas existirem, como seres cognoscitivos, naquilo que se convencionou denominar *ciberespaço*. Haveria, segundo esses teóricos, a possibilidade de "livrar-se do corpo" e sobreviver apenas como impulsos eletrônicos. São correntes teóricas, como as autodenominadas *extropianos*, que buscam o *transumano*. Para eles:

> [O] corpo físico, comparado a seus múltiplos corpos virtuais, não é senão uma prisão, uma necessidade antropológica que de bom grado [se] dispensaria. O corpo eletrônico atinge a perfeição, imune à doença, à morte, à deficiência física[29].

---

24. SLOTERDIJK. *Regras...*, *cit.*, p. 45.
25. Cf. SLOTERDIJK. *Regras...*, *cit.*, p. 45.
26. Cf. KANT. *Resposta....*, *cit.*, passim.
27. LE BRETON, David. Adeus ao Corpo. In: NOVAES. *O Homem...*, *cit.*, p. 123.
28. KURZWEIL, Ray. *The Singularity Is Near: When Human Transcend Biology*. New York: Penguin Book, 2005, *passim*.
29. LE BRETON. Adeus..., *cit.*, p. 124.

CAPÍTULO VI • CONCLUSÃO: PESSOA E RENÚNCIA COMO EXPRESSÕES DA LIBERDADE | **83**

Não há como negar um forte teor de "gnosticismo" nessas ideias...

Sem recair nos extremos de identificar a pessoa humana com seu corpo ou, por outro lado, negá-la, pode-se afirmar que a base orgânico-sensível é um dos elementos constitutivos da pessoa. Não obstante, pode-se intervir no corpo, desde que se respeitem as outras dimensões estruturais da pessoa: sua autonomia, sua abertura à alteridade e o autorreconhecimento da sua dignidade. Não se pode chegar ao ponto de se colocar "a auto compreensão ética de sujeitos capacitados para a linguagem e para a ação totalmente em jogo"[30]. Em outras palavras, qualquer intervenção no corpo humano não pode retirar da pessoa, em definitivo, a condição de se autorrealizar. A manipulação não pode elidir a capacidade de autorreferência, em especial quando se trata de seu nível mais elementar: o orgânico[31].

Em certa medida, pode-se falar que os Iluministas Radicais, em especial La Mettrie, deram uma contribuição muito importante para a autorrealização da pessoa humana, ao valorizar a vida terrena e o corpo. A corporeidade também é essencial para se alcançar autonomia e a vida boa:

> [La Mettrie consolida] a autonomia em relação ao divino, porque mais do que nunca o homem sente-se senhor do seu destino e do seu corpo, capaz de libertar-se de todas as fatalidades que antes eram atribuídas à vontade de Deus, como certas características somáticas, a predisposição para determinadas doenças e até a duração da vida[32].

Não há porque negar o corpo como elemento da pessoa (cristologia) ou reduzi-la a corpo (Iluministas Radicais). Ambas visões são complementares e "nenhuma delas tem o monopólio de uma ou outra forma de autonomia"[33]. A ciência põe-se a serviço da autonomia e da dignidade da pessoa humana.

2. PESSOA E VALOR

Para além das explicações meramente naturalistas, a pessoa humana é, fundamentalmente, um "feixe de valores" constitutivos[34]. O Ocidente caracterizou-se, desde a Modernidade, por reconhecer alguns desses valores como fundamentais. Mas, ao contrário do que propunha o jusracionalismo, os direitos da personalidade são dotados de espacialidade e historicidade: não são utópicos

---

30. HABERMAS. *O Futuro...*, *cit.*
31. Cf. HABERMAS. *O Futuro...*, *cit.*, p. 18.
32. ROUANET, Sergio Paulo. O Homem Máquina Hoje. In: NOVAES. Op. *cit.*, p. 53.
33. ROUANET. O Homem..., *cit.*, p. 62.
34. Cf. LEITE DE CAMPOS, Diogo. *Nós: Estudos Sobre os Direitos da Pessoa*. Coimbra: Almedina, 2004, p. 14.

ou ucrônicos. Mudanças culturais e temporais afetam os valores constitutivos da pessoa natural, ou, mais radicalmente, afetam o conceito de pessoa natural em si.

Isso significa que se deve acreditar, sempre, que a pessoa humana seja capaz de formas superiores de vida, voltadas para o Bem e para a dignidade. Esses valores, a que Taylor chamou de *hiperbens*, devem articular-se com as diversas possibilidades de vivência cotidiana[35]. Tanto que, caso haja desarticulação entre eles, para além da perda do sentido da vida, tem-se a perda da identidade. E a falta de sentido e de valores "superiores", infelizmente, é a tônica do Ocidente Moderno.

No Brasil, o fenômeno de desarticulação tem atingido níveis paroxísticos, com a banalização da violência e o esvaziamento dos conteúdos de estudo. Afinal, desde *Emílio*, de Rousseau, que se sabe ser a educação um caminho para a autonomia. Villela defende, mesmo, que o convívio em família deve propiciar uma pedagogia da escolha[36].

A renúncia ao exercício dos direito da personalidade é, portanto, a grande forma de se articularem *vivência da pessoa natural* e *hiperbens*. Renunciar é *escolher*, em última instância, *a vida que vale a pena ser vivida*. Essa escolha, embora individual, só é possível numa comunidade de pessoas em que todos se reconheçam iguais na potencialidade de escolher (autonomia) face aos outros (alteridade) e a sua própria noção de vida boa (dignidade). Só se pode falar, verdadeiramente, em liberdade quando *todos os interlocutores* também forem *livres*![37]. Mais do que isso, os processos de escolha racional, de vida digna, não se dão de forma exclusivamente subjetiva, mas sempre na intersubjetividade, em que todos os afetados pelas decisões valorativas são chamados à fala e à participação[38].

3. PESSOA: UM PROJETO (ETERNAMENTE) INACABADO

A pessoa humana tem potencial criativo ilimitado[39]. Sempre se podem recriar inúmeras condições de vida boa, ao longo do espaço e do tempo. Os valores que se criam, embora possam ser normatizados, não são definitivos. A própria vivência segundo hiperbens leva à sua reconstrução contínua, em constante interpretação, recriação, e, obviamente, *renúncia*.

---

35. Cf. TAYLOR. *The Sources...*, *cit.*, p. 18-19.
36. VILLELA, João Baptista. *La Contrainte comme Forme de Violence dans l'Organisation Juridique de la Famille*. Belo Horizonte: éd. A., 1977; VILLELA, João Baptista. *Liberdade e Família*. Belo Horizonte: Movimento Editorial da Faculdade de Direito da UFMG, 1980, passim.
37. Cf. HABERMAS, Jürgen. *A Ética da Discussão e a Questão da Verdade* [L'Ethique de la discussion et la question de la vérité]. Trad. Marcelo Brandão Cipolla. São Paulo: Martins Fontes, 2004, p. 13.
38. Cf. HABERMAS. *A Ética....*, *cit.*, p. 16.
39. GUSTIN, Miracy Barbosa de Sousa. *Das Necessidades Humanas aos Direitos: Ensaio de Sociologia e Filosofia do Direito*. Belo Horizonte: Del Rey, 1999, p. 210.

CAPÍTULO VI • CONCLUSÃO: PESSOA E RENÚNCIA COMO EXPRESSÕES DA LIBERDADE

Os direitos da personalidade, como valores constitutivos dotados de cogência, podem ser hierarquizados pelas diversas pessoas afetadas, na busca de sua própria realização pessoal e interpessoal. O conteúdo valorativo que informa a condição de "ser pessoa", dotada de significância para cada um, pode mudar – e, efetivamente, muda.

Ser pessoa significa ser um *fluxo de valores em eterna mudança*, havendo, inclusive, transvalorações:

Nossas concepções daquilo que torna os seres humanos dignos de respeito têm moldado a lista efetiva de direito que reconhecemos, e estes últimos evoluíram ao longo dos séculos[40].

Isso afeta toda sociedade de pessoas capazes de ação, pois a intersubjetividade pode (e deve) ampliar as fronteiras do que significa voltar-se ao Bem, e viver, efetivamente, segundo a própria noção de Bem, de vida boa, de felicidade, de realização. Os diversos valores constitutivos da pessoa e os diversos direitos da personalidade estão em constante expansão.

No caminho que vai de Mirandola aos dias de hoje, pode-se perceber que as pessoas são os únicos seres que podem *ser o que quiserem*... A pessoa tem sido tomada como unidade estável. Porém, ela pode ser mesmo uma *pluralidade*, e multiplicar-se, em busca de uma vida que vale ser vivida, pois "nós somos uma multiplicidade que se imaginou uma unidade"[41].

A expansão, no limite, ocorre como uma *quase transcendência*, no momento em que a pessoa pode se superar, na medida em que há capacidade cognitiva ilimitada, e, como consequência, há possibilidades de superar os limites normativos impostos por uma cultura particular[42].

Ser pessoa é ser local e global. Ter identidade. Ter direitos da personalidade. Poder renunciar. Mas nunca ser uma possibilidade que se esgotou.

---

40. TAYLOR. *The Sources...*, cit., p. 77.
41. MÜLLER-LAUTER, Wolfgang. *A Doutrina da Vontade de Poder em Nietzsche* [Nietzsche Lehre von Willen Zür Macht]. Trad. Oswaldo Giacoia. São Paulo: Annablume, 1997, p. 79.
42. Cf. GUSTIN. *Das Necessidades*, cit., p. 211.

REFERÊNCIAS

ADRAGÃO, Paulo Pulido. *A Liberdade Religiosa e o Estado*. Coimbra: Almedina, 2002.

AGOSTINHO. *A Natureza do Bem* [De Natura Boni Contra Manichaeus]. Ed. bilíngue. Trad. Carlos Ancêde Nougué. 2. ed. Rio de Janeiro: Sétimo Selo, 2006.

ALEXY, Robert. *Teoría de los Derechos Fundamentales* [Theorie der Grundrechte]. Trad. Ernesto Garzón Valdés. Madrid: Centro de Estudios Constitucionales, 1986.

ASCENSÃO, José de Oliveira. Os Direitos da Personalidade no Código Civil Brasileiro. *Revista Forense*, Rio de Janeiro, v. 342, abr.-maio-jun., 1998.

BARON DE HOLBACH. *Sistema de la Naturaleza*. [Système de la nature]. Notas por Diderot. Trad. F.A. F. T. I, II, III, IV. Paris: Masson y Hijo, 1822.

BASCHET, Jérôme. *A Civilização Feudal: Do Ano 1000 à Colonização da América* [La civilization feódale – de l'an mil à la colonization de l'Amérique]. Trad. Marcelo Rede. São Paulo: Globo, 2006.

BELTRÃO, Silvio Romero. *Direitos da Personalidade de Acordo com o Novo Código Civil*. São Paulo: Atlas, 2005.

BOÉCIO. *Escritos (Opuscala Sacra)*. Trad., intr. e notas de Juvenal Savian Filho. São Paulo: Martins Fontes, 2005.

BRANDÃO, Carlos Antônio Leite. O Corpo do Renascimento. In: NOVAES, Adauto. *O Homem Máquina: A Ciência Manipula o Corpo*. São Paulo: Companhia das Letras, 2003.

BRAZ TEIXEIRA, António. A Justiça e a Crise do Direito Natural. In: CUNHA, Paulo Ferreira da. *Direito Natural, Religiões e Culturas*. [S. l.]: Coimbra Editora, 2004.

BUNGE, Mario. *El Problema Mente Cerebro*: Un Enfoque Psicobiologico [The Mind-Body Problem: A Psychobiological Approach]. Trad. Benito Garcia Noriega. 2. ed. Madrid: Tecnos, 1988.

CANARIS, Claus-Wilhelm. *Direitos Fundamentais e Direito Privado*. Trad. Ingo Wolfgang Sarlet e Paulo Mota Pinto. Coimbra: Almedina, 2003.

CAPELO DE SOUSA, Rabindranath V. A. *O Direito Geral de Personalidade*. Coimbra: Coimbra Editora, 1995.

CASAS NORONHA, Ibsen José. *Aspectos do Direito no Brasil Quinhentista*: consonâncias do espiritual e do temporal. Coimbra: Almedina, 2005.

CONDORCET. Bosquejo de un cuadro histórico de los progresos del espíritu humano [Esquisse d'une tableau historique des progrès de l'esprit humain]. Trad. Francisco Gonzáles Aramburo. In: GONZÁLES ARAMBURO, Francisco (Org.). *Bosquejo de un cuadro histórico de los progresos del espíritu humano y otros textos*. México: Fondo de Cultura Económica, 1997.

CRITTENDEN, Jack. *Beyond Individualism: Reconstituting the Liberal Self*. New York: Oxford University Press, 1992.

DE CUPIS, Adriano. *Os Direitos da Personalidade*. Campinas: Romana Jurídica, 2004.

DINIZ, Maria Helena. *Curso de Direito Civil Brasileiro* 20. ed. São Paulo: Saraiva, 2003. v. I: Teoria Geral do Direito Civil.

DRAY, Guilherme Machado. *Direitos de Personalidade*: anotações ao Código Civil e ao Código do Trabalho. Lisboa: Almedina, 2006.

DUBY, Georges. Poder Privado, Poder Público. In: DUBY, Georges (Org.). *História da Vida Privada, 2: da Europa Feudal à Renascença* [Histoire de la vie privée. Trad. Maria Lúcia Machado. São Paulo: Companhia das Letras, 1990., v. 2: De l'Europe féodale à la Renaissance.

DUFFY, Eamon. *Santos & Pecadores: História dos Papas*. [Saints and Sinners: a History of the Popes]. Trad. Luiz Antônio Araújo. São Paulo: Cosac & Naify, 1998.

DWORKIN, Ronald. Liberal Comunity. In: DWORKIN, Gerald (Ed.). *Morality, Harm and the Law*. Boulder: Wetsview Press, 1994.

EBERLE, Simone. *A Capacidade entre o Fato e o Direito*. Porto Alegre: Sergio Antonio Fabris, 2006.

FERNÁNDEZ-ARMESTO, Felipe. *Então Você Pensa que é Humano?:* Uma Breve História da Humanidade. [So you think you're human? A brief history of mankind]. Trad. Rosaura Eichemberg. São Paulo: Companhia das Letras, 2007.

FOUCAULT, Michel. *As Palavras e as Coisas: Uma Arqueologia das Ciências Humanas* [Le Mots et les Choses – Une archéologie des sciences humaines]. Trad. Salma Tannus Michail. 8. ed. São Paulo: Martins Fontes, 1999.

FOUCAULT, Michel. What is Enlightenment. Transl. Catherine Porter. In: RABINOW, Paul (Ed.). *The Foucault Reader*. New York: Pantheon Books, 1984.

FRANGIOTTI, Roque. *História das Heresias (séculos I-VII): Conflitos ideológicos dentro do cristianismo*. 4. ed. São Paulo: Paulus, 2004.

GADAMER, Hans-Georg. *Verdade e Método. Traços Fundamentais de uma Hermenêutica Filosófica* [Wahrheit und Methode]. Trad. Flávio Paulo Meurer. 2. ed. Petrópolis: Vozes, 1998.

GARCIA RÚBIO, Alfonso. *Unidade na Pluralidade: O Ser Humano à Luz da Fé e da Reflexão Cristãs*. 3. ed. São Paulo: Paulus, 2001.

GOFFMAN, Erving. *The Presentation of the Self in Everyday Life*. New York: Doubleday, 1959.

GOMES CANOTILHO, J. J. *Direito Constitucional e Teoria da Constituição*. 3. ed. Coimbra: Almedina, 1999.

GROS, Manuel et FROMENT, Jean-Charles. Notes de Jurisprudence (C.E., Ass., 27 octobre 1995, Commune de Morsang-sur-Orge; Ville d'Aix-em-Provence). Paris, *Revue de Droit Public*, Mars-Avril, 1996.

GÜNTHER, Klaus. *The Sense of Appropriateness: Application Discourses in Morality and Law* [Der Sinn für Angemessenheit. Anwendungsdirkurse in Moral und Recht]. Trans. John Farrell. New Tork: State University of New York Press, 1993.

REFERÊNCIAS   **89**

GUSTIN, Miracy Barbosa de Sousa. *Das Necessidades Humanas aos Direitos*: ensaio de sociologia e filosofia do direito. Belo Horizonte: Del Rey, 1999.

HABERMAS, Jürgen. *A Constelação Pós-Nacional*: ensaios políticos [Die postnationale Konstellation: Politische Essays]. Trad. Márcio Seligmann-Silva. São Paulo: Littera Mundi, 2001.

HABERMAS, Jürgen. *A Ética da Discussão e a Questão da Verdade* [L'Ethique de la discussion et la question de la vérité]. Trad. Marcelo Brandão Cipolla. São Paulo: Martins Fontes, 2004.

HABERMAS, Jürgen. *A Inclusão do Outro: Estudos de Teoria Política* [Die Einbeziehung des Anderen: Studien zur politischen Theorie]. Trad. George Sperber & Paulo Astor Soethe. São Paulo: Loyola, 2002.

HABERMAS, Jürgen. *Between Facts and Norms*: Contributions to a Discourse Theory of Law and Democracy [Faktizität und Geltung. Beiträge zur Diskurstheorie des Rechts und des demokratischen Rechtsstaats]. Trans. William Rehg. Cambridge: The MIT Press, 1996.

HABERMAS, Jürgen. *O Discurso Filosófico da Modernidade* [Der philosophische Diskurs der Moderne]. Trad. Bernardo, Ana Maria et al. Lisboa: Quixote, 1990.

HABERMAS, Jürgen. *O Futuro da Natureza Humana*: a caminho da eugenia liberal? [Die Zunkunft der menschlichen Natur. Auf dem Weg zu einer liberalen Eugenik?] Trad. Karina Jannini. São Paulo: Martins Fontes, 2004.

HABERMAS, Jürgen. *Teoría de la acción comunicativa, I: Racionalidad de la acción e racionalización social* [Theorie des kommunikativen Handelns. Band I. Handlungsrationalität und gesellschaftliche Rationalisierung]. Madrid: Taurus, 1987.

HOBSBAWM, Eric. *A Era dos Extremos* [Age of extremes]. Trad. Marcos Santarrita. 2. ed. São Paulo: Companhia das Letras, 1996.

HOUAISS, Antônio et al (Dir). *Dicionário Houaiss da Língua Portuguesa*. Rio de Janeiro: Objetiva, 2004, *bem*.

JAMES, William. *The Varieties of Religious Experience*. [S.l]: Adamant Media, 2005.

JAYME, Fernando Gonzaga. *Direitos Humanos e sua Efetivação pela Corte Interamericana de Direitos Humanos*. Belo Horizonte: Del Rey, 2005.

JUNQUEIRA DE AZEVEDO, Antonio. *Estudos e Pareceres de Direito Privado*. São Paulo: Saraiva, 2004.

KANT, Immanuel. A Paz Perpétua. Trad. Alexandre Morão. In: MORÃO, Alexandre (Org.). *A Paz Perpétua e Outros Opúsculos*. Lisboa: Edições 70, 1995.

KANT, Immanuel. *Escritos sobre o Terramoto de Lisboa*. Coimbra: Almedina, 2005.

KANT, Immanuel. *Fundamentação da Metafísica dos Costumes* [Grundlegung zur Metaphysik der Sitten]. Trad. Paulo Kintela. Lisboa: Edições 70, 2005.

KANT, Immanuel. Resposta à Pergunta: Que é o Iluminismo? Trad. Alexandre Morão. In: MORÃO, Alexandre (Org.). *A Paz Perpétua e Outros Opúsculos*. Lisboa: Edições 70, 1995.

KANT, Immanuel. Sobre a Expressão Corrente: Isto Pode Ser Correto na Teoria, mas Nada Vale na Prática. Trad. Alexandre Morão. In: MORÃO, Alexandre (Org.). *A Paz Perpétua e Outros Opúsculos*. Lisboa: Edições 70, 1995.

KLIBANSKI, Raymond. Prefácio. In: LOCKE, John. *Carta Sobre a Tolerância* [Epistola de Tolerantia]. Trad. João da Silva Gama. Lisboa: Edições 70, 2005.

KURZWEIL, Ray. *The Singularity is* Near: When Human Transcend Biology. New York: Penguin Book, 2005.

LA METTRIE. *Man a Machine*. [L'Homme machine]. Trans. Richard A. Watson & Maya Rybalka. Indianapolis: Hackett Publishing Company, 1994.

LE BRETON, David. Adeus ao Corpo. In: NOVAES, Adauto. *O Homem Máquina*: a ciência manipula o corpo. São Paulo: Companhia das Letras, 2003.

LE GOFF, Jacques & TRUONG, Nicolas. *Uma História do Corpo na Idade Média*. [Une histoire du corps au Moyen Âge]. Trad. Marcos Flamínio Peres. Rio de Janeiro: Civilização Brasileira, 2006.

LEIBER, Justin. Introduction. In: LA METTRIE. *Man a Machine*. [L'Homme machine]. Trans. Richard A. Watson & Maya Rybalka. Indianapolis: Hackett Publishing Company, 1994.

LEITE DE CAMPOS, Diogo. *Nós: Estudos Sobre os Direitos da Pessoa*. Coimbra: Almedina, 2004.

LOCKE, John. *Carta Sobre a Tolerância*. [Epistola de Tolerantia]. Trad. João da Silva Gama. Lisboa: Edições 70, 2005.

MAC CRORIE, Benedita Ferreira da Silva. *A Vinculação dos Particulares aos Direitos Fundamentais*. Lisboa: Almedina, 2005.

MACHADO DE ASSIS. O Espelho. Esboços de uma Nova Teoria da Alma Humana. *Machado de Assis: Seus Trinta Melhores Contos*. Selec. Barreto Filho et al. 4. ed. Rio de Janeiro: Nova Fronteira, 1994.

McMAHON, Darrin. *Felicidade*: uma História. [Happines: A history]. Trad. Fernanda Ravagnani e Maria Sílvia Mourão Netto. São Paulo: Globo, 2006.

MANGUEL, Alberto. *Uma História da Leitura*. [A History of Reading]. Trad. Pedro Maia Soares. São Paulo: Companhia dasLetras, 2006.

MATTA MACHADO, Edgar de Godoi da. Conceito Analógico de Pessoa Aplicado à Personalidade Jurídica. *Revista da Faculdade de Direito [da UFMG]*, Belo Horizonte, a. IV, out., 1954.

MATTA-MACHADO. Edgar de Godoi da. *Elementos de Teoria Geral do Direito*. 3. ed. Belo Horizonte: UFMG, 1986.

MAUSS, Marcel. *Sociologia e Antropologia* [Sociologie et anthropologie]. Trad. Paulo Neves. São Paulo: Cosac & Naif, 2003.

MENEZES CORDEIRO, António. *Tratado de Direito Civil Português*. 2. ed. Coimbra: Almedina, 2000. v. I: Parte Geral. t. I.

MIRANDA, Jorge. *Manual de Direito Constitucional* 2. ed. [S. l.]: Coimbra Editora, 1998. t. IV: Direitos Fundamentais.

MOTA PINTO, Carlos Alberto da. *Teoria Geral do Direito Civil*. 3. ed. [S. l]: Coimbra Editora, 1999.

REFERÊNCIAS **91**

MOTA PINTO, Paulo. O Direito ao Livre Desenvolvimento da Personalidade. In: PÁDUA RIBEIRO, Antônio de *et al. Portugal-Brasil Ano 2000*. [S. l.]: Coimbra Editora, 1999.

MÜLLER-LAUTER, Wolfgang. *A Doutrina da Vontade de Poder em Nietzsche* [Nietzsche Lehre von Willen Zür Macht]. Trad. Oswaldo Giacoia. São Paulo: Annablume, 1997.

NEIMAN, Susan. *O Mal no Pensamento Moderno* [Evil in modern thought]. Trad. Fernanda Abreu. Rio de Janeiro: Bertrand Brasil, 2003.

NERY JUNIOR, Nelson & NERY, Rosa Maria de Andrade. *Código Civil Comentado*. 4. ed. São Paulo: Revista dos Tribunais, 2006.

NOVAIS, Jorge Reis. *As Restrições aos Direitos Fundamentais não Expressamente Autorizadas pela Constituição*. [S. l.]: Coimbra, 2003.

NOVAIS, Jorge Reis. Renúncia a Direitos Fundamentais. In: MIRANDA, Jorge (Org). *Perspectivas Constitucionais Nos 20 Anos da Constituição de 1976*. V. I. [S. l.]: Coimbra Editora, 1996.

ONFRAY, Michel. *A Arte de Ter Prazer: Por um Materialismo Hedonista*. [L'art de Jouir]. Trad. Monica Stahel. São Paulo: Martins Fontes, 1999.

ONFRAY, Miguel. *Tratado de Ateologia*. [Traité d'athéologie]. Trad. Monica Stahel. São Paulo: Martins Fontes, 2007.

OTERO, Paulo. *Personalidade e Identidade Genética do Ser Humano: Um Perfil Constitucional da Bioética*. Coimbra: Almedina, 1999.

PAIS DE VASCONCELOS, Pedro. *Direito de Personalidade*. Coimbra: Almedina, 2006.

PERRONE, Lorenzo. De Nicéia (325) a Calcedônia (451). Os Quatro Primeiros Concílios Ecumênicos: Doutrinas, Processos de Recepção. In: ALBERIGO, Giuseppe (Org.). *História dos Concílios Ecumênicos* [Storia dei concili ecumenici]. Trad. José Maria de Almeida. 3. ed. São Paulo: Paulus, 1995.

PESSOA, Fernando. *A Educação do Estoico*. São Paulo: A Girafa, 2006.

PICO DELLA MIRANDOLA, Giovanni. *Heptaplus*. Trad. Adolfo Ruiz Dias. Buenos Aires: Universidad de Buenos Aires, 1998.

PICO DELLA MIRANDOLA, Giovanni. *Discurso sobre a Dignidade do Homem* [Oratio de Hominis Dignitate]. Ed. bilíngüe, trad. Maria de Lurdes Sirgado Ganho. Lisboa: Edições 70, 1998.

PINHARANDA GOMES. *História da Filosofia Portuguesa 3: A Filosofia Arábico-Portuguesa*. Lisboa: Guimarães Editores, 1991.

QUEIROZ, Cristina. A Tradição Ocidental do Direito Natural. In: CUNHA, Paulo Ferreira da (Org.). *Direito Natural, Religiões e Culturas*. [S. l.]: Coimbra, 2004.

RASSAM, Joseph. *Tomás de Aquino*. [Thomás d'Aquin]. Trad. Isabel Braga. Lisboa: Edições 70, 1969.

RICHARDS, Jefrey. *Sexo, Desvio e Danação* [Sex, Dissence and Damnation]. Trad. Marco Antônio Esteves da Rocha & Renato Aguiar. Rio de Janeiro: Jorge Zahar Editor, 1993.

RITTER, Joachin & GRÜNDER, Karlfried (HGB). *Historisches Wörterbuch der Philosophie.* Bd. 7. Darmstadt: Wissenchaftliche Buchgesellschaft, 1989, 2007, *Person.*

ROUANET, Sergio Paulo. O Homem Máquina Hoje. In: NOVAES, Adauto. *O Homem Máquina: A Ciência Manipula o Corpo.* São Paulo: Companhia das Letras, 2003.

ROUSSEAU, Jean Jacques. *Emílio, ou, Da Educação* [Émile ou De L'Éducation]. Trad. Roberto Leal Ferreira. 3. ed. São Paulo: Martins Fontes, 2004.

ROUSSEAU, J. J. *O Contrato Social.* [Du contrat social]. Trad. Antonio de Pádua Danesi. 3. ed. São Paulo: Martins Fontes, 1999.

SAVIAN FILHO, Juvenal. Introdução. In: BOÉCIO. *Escritos (Opuscala Sacra).* São Paulo: Martins Fontes, 2005.

SCHELB, Diogo & BOSCOVI, Isabela. 50 Coisas que o Terror Mudou no Mundo. *Veja,* São Paulo, a. 39, n. 35, 6 set. 2006.

SCHNEEWIND, J. B. *The Invention of Autonomy. A History of Modern Moral Philosophy.* Cambridge: Cambridge University Press, 1998.

SCHWARCZ, Lilia Moritz. *A Longa Viagem da Biblioteca dos Reis: Do Terremoto de Lisboa à Independência do Brasil.* São Paulo: Companhia das Letras, 2002.

SILVA PEREIRA, Caio Mário da. Direitos da Personalidade. *Revista do Instituto dos Advogados de Minas Gerais,* Belo Horizonte, n. 1 [Nova fase], 1995.

SILVEIRA. Sidney. Apresentação. In: AGOSTINHO. *A Natureza do Bem.* [De Natura Boni Contra Manichaeus]. Ed. bilíngüe, trad. Carlos Ancêde Nougué. 2. ed. Rio de Janeiro: Sétimo Selo, 2006.

SIRGADO GANHO, Maria de Lurdes. Acerca do Pensamento de Giovanni Pico della Mirandola. In: PICO DELLA MIRANDOLA, Giovanni. *Discurso sobre a Dignidade do Homem* [Oratio de Hominis Dignitate]. Ed. bilíngue. Trad. Maria de Lurdes Sirgado Ganho. Lisboa: Edições 70, 1998.

SLOTERDIJK, Peter. *Regras para o Parque Humano: Uma resposta à Carta de Heidegger Sobre o Humanismo* [Regeln für den Menschenpark: Ein Antwortschreiben zu Heideggers Brief über den Humanismus]. Trad. José Oscar de Almeida Marques. São Paulo: Estação Liberdade, 2000.

SOMBRA, Thiago Luis Santos. *A Eficácia dos Direitos Fundamentais nas Relações Jurídico-Privadas*: a identificação do contrato como ponto de encontro dos direitos fundamentais. Porto Alegre: Sergio Antonio Fabris, 2004.

SOUSA SANTOS, Boaventura de. *A Crítica da Razão Indolente*: contra o desperdício de experiência. São Paulo: Cortez, 2000. v. 1: Para um novo senso comum: a ciência, o direito e a política na transição paradigmática.

STANCIOLI, Brunello. *Relação Jurídica Médico-Paciente.* Belo Horizonte: Del Rey, 2004.

STAUM, Martin S. *Cabanis: Enlightenment as Medical Philosophy in the French Revolution.* Princeton: Princeton University Press, 1989.

STRAWSON, Peter F. *Análise e Metafísica: Uma Introdução à Filosofia* [Analysis and Metaphysics: An Introduction to Philosophy]. Trad. Armando Moura de Oliveira. São Paulo: Discurso Editorial, 2002.

SZASZ, Thomas S. *A Fabricação da Loucura* [The manufacture of Madness]. Trad. Dante Moreira Leite. 3. ed. Rio de Janeiro: Zahar, 1978.

TARNAS, Richard. *A Epopeia do Pensamento Ocidental* [The passion of the western mind]. Trad. Beatriz Sidou. 4. ed. Rio de Janeiro: Bertrand Brasil, 2001.

TAYLOR. *As Fontes do* Self: *A Construção da Identidade Moderna* [Sources of the Self: the making of the modern identity]. Trad. Adail Ubirajara Sobral & Dinah de Abreu Azevedo. São Paulo: Loyola, 1997.

TAYLOR, Charles. *Human Agency and Language: Philosophical Papers 1*. Cambridge: Cambridge University Press, 1985.

TAYLOR, Charles. *Las variedades de la religión hoy* [Varieties of Religion Today: William James Revisited]. Trad. Ramon Vilà Vernis. Buenos Aires: Paidós, 2004.

TAYLOR, Charles. The Person. In: CARRITHERS, Michael, COLLINS, Steven & LUKES, Steven. *The Category of Person. Antropology, philosophy, history.* Cambridge: Cambridge University Press, 1985.

TAYLOR, Charles. *Sources of the Self: the Making of the Modern Identity*. Cambridge: Harvard University Press, 1989.

TOMÁS DE AQUINO. *Suma Teológica*. Dir. Gabriel C. Galache e Fidel García Rodríguez, coord. geral de Carlos Josaphat Pinto de Oliveira. São Paulo: Loyola, 2001. v. 1.

TRÍAS, Eugenio. *Ética y condición humana*. Barcelona: Península, 2000.

VALADARES, Virgínia Trindade. *Elites Mineiras Setecentistas: Conjugação de Dois Mundos*. Lisboa: Edições Colibri/Instituto de Cultura Ibero-Atlântica, 2004.

VAZ, Henrique C. L. *Antropologia Filosófica II*. São Paulo: Loyola, 1992.

VESALIUS, Andreas. *De Humani Corporis Fabrica. Epitome. Tabulae Sex*. Trad. Pedro Carlos Piantino Lemos e Maria Cristina Vilhena Carnevale. São Paulo: Ateliê Editorial, 2003.

VILLELA, João Baptista. Em Busca dos Valores Transculturais do Direito. *Revista Brasileira de Estudos Políticos*, Belo Horizonte, n. 89, jan.-jun., 2004.

VILLELA, João Baptista. *La Contrainte comme Forme de Violence dans l'Organisation Juridique de la Famille*. Belo Horizonte éd.: A., 1977.

VILLELA, João Baptista. *Liberdade e Família*. Belo Horizonte: Movimento Editorial da Faculdade de Direito da UFMG, 1980.

VILLELA, João Baptista. O Novo Código Civil Brasileiro e o Direito à Recusa de Tratamento Médico. Modena, *Roma e America. Diritto Romano Comune*. n. 16, 2003.

VILLELA, João Baptista. *Perchè non Parli?* Sobre a Possibilidade de Dano Moral às Pessoas Jurídicas. *Revista Doutrinária*, Rio de Janeiro, n. 7, jun. 2004.

VILLELA, João Baptista. Por uma Nova Teoria dos Contratos. *Revista de Direito e de Estudos Sociais*, Coimbra, a. XX, n. 2-3-4, abr.-dez. 1975.

VILLELA, João Baptista. Sobre Renúnica e Transação no Direito do Trabalho. In: MONTEIRO DE BARROS, Alice (Coord.). *Curso de Direito do Trabalho: Estudos em Memória de Célio Goyatá*. V. I, 2. ed. São Paulo, LTr, 1994.

WALTHER, Ingo F. & WOLF, Norbert. *Codices Illustres*. Köln: Taschen, 2003.

WIEACKER, Franz. *História do Direito Privado Moderno* [Privatrechtsgeschichte der Neuzeit unter besonderer Berücksichtigung der deutschen Entwicklung]. Trad. A. M. Botelho Espanha. 2. ed. Lisboa: Fundação Calouste Gulbenkian, 1993.

Posfácio
PESSOA E IDENTIDADE PESSOAL

INTRODUÇÃO

O presente texto não se propõe a fazer um comentário acerca da tese agora publicada. Seu objetivo é explicitar duas ideias ou dois propósitos norteadores do trabalho desenvolvido por Brunello Stancioli, que são o conceito de pessoa como indivíduo de natureza racional e a concepção de identidade pessoal.

No capítulo II de seu texto, Brunello apresenta, de um lado, o percurso de constituição do conceito transcendentalizado de pessoa e, principalmente, a fixação de seu conteúdo conceitual teológico-cristão por analogia com a pessoa divina, através de Agostinho, Boécio e Tomás de Aquino. Esse conceito é denominado 'transcendentalizado' por reportar-se a uma entidade extrínseca ao agente racional humano e pressuposta como existente e pessoal por revelação.

Por outro lado, no capítulo III, apresenta o esforço de renaturalização da pessoa humana, enquanto também organismo físico-biológico e espaço-temporal, por obra, principalmente, de alguns iluministas e materialistas considerados radicais. No entanto, não obstante os deístas e iluministas bem-comportados, como Locke e Kant, o conceito transcendentalizado de pessoa foi assumido e vem sendo mantido pelo Direito, em sua teorização e suas práticas. Apesar da mudança, na filosofia e na ciência modernas, de elementos ontológicos e epistemológicos relativos aos conceitos de natureza, essência, substância e do que se passou a compreender como realidade, prevalecem ainda, com relação à pessoa no Direito, o substancialismo essencialista e o transcendentalismo apriorístico na concepção da realidade, dos valores e fins do agente humano, bem como se perpetua o conceito de natureza enquanto algo imutável e indeterminável pelos recursos científico-epistemológicos habituais. Tanto o advento da individualidade pessoal nas esferas sócio-política e ética, quanto a explicitação da liberdade, da autonomia e da racionalidade como propriedades constitutivas da pessoalidade humana enquanto processo social, e também a revalorização afirmativa da corporeidade e da contingência humanas e suas consequências nas crenças e ações do agente racional, só marginal e tardiamente estão sendo integradas ao pensamento e prática do Direito.

Da leitura dos capítulos I e IV, resulta claro que os elementos teóricos e pragmáticos veiculados pelo conceito transcendentalizado de pessoa não são suficientes para elucidar as relações entre direitos fundamentais e direitos da personalidade na sociedade contemporânea, tecnologicamente avançada e racionalmente plural, do ponto de vista avaliativo-normativo.

Essa insuficiência da concepção tradicional de pessoa fica ainda mais evidente, a propósito dos direitos da personalidade, quando é enfrentado, no capítulo V, o problema objeto da tese, a saber, se pode alguém se tornar o que quiser. A efetivação dessa possibilidade pressupõe admitir que se possa alterar a identidade pessoal no espaço e no tempo e admitir que possam coexistir diferentes identidades em uma e a mesma unidade pessoal, em idênticos ou em diferentes tempos e espaços. Nem é preciso pensar em fissões, fusões e transplantes de cérebros ou de partes do cérebro, que não são mais apenas objetos de experimentos mentais. Situações mais corriqueiras e que implicam consequências similares podem ser causadas por estados de amnésia, transtornos graves de caráter, alterações profundas na autoidentificação pessoal em razão de patologias físico-biológicas ou de acidentes. Não é apenas a incompatibilidade entre os pressupostos teóricos da concepção tradicional de pessoa e aqueles em que se fundamentam as novas teorias acerca da identidade pessoal que explica a inadequação e a insuficiência da concepção transcendentalizada do agente humano como pessoa. Frequentemente, as consequências e implicações dessa concepção e de seus pressupostos para o agir prático não mais correspondem à consciência ética do agente contemporâneo, enquanto entidade racional que avalia e normatiza explicitamente suas escolhas e ações no contexto da interação social. Essas considerações definiram os dois tópicos deste texto.

1. O CONCEITO DE PESSOA COMO ENTIDADE INDIVIDUAL DE NATUREZA RACIONAL

1.1 O conceito de pessoa e o Cristianismo

A primeira ideia a ser questionada consiste na definição e na adequação do conceito filosófico de pessoa como 'existente individual de natureza racional'.

Contrariando uma opinião muito difundida, o uso do termo 'pessoa', na Antiguidade e especialmente em Roma, não se originou com o Cristianismo. Na Gramática, no Teatro, nas práticas mortuárias, no exercício de funções públicas, na Retórica e no Direito o termo era usual antes mesmo do Cristianismo.

Gramáticos gregos e alexandrinos, por exemplo, sabiam que o domínio e o uso da linguagem articulada como instrumento de comunicação pressupõem a

POSFÁCIO • PESSOA E IDENTIDADE PESSOAL   **97**

distinção entre primeira, segunda e terceira pessoas para designar funções distintas relativamente à ação de fala, seus agentes e objetos nela referidos. Fuhrmann (1989), referindo-se à 'Arte da Gramática', de Dionysius Thrax (170-90 a.C.), acredita que os filólogos alexandrinos foram levados pelos personagens do drama grego a denominar de πρόσωπον/πρόσωπα (pessoa, pessoas) as três pessoas ou os três diferentes papéis linguístico-gramaticais desempenhados pelos falantes na declinação de verbos e pronomes. Fuhrmann cita o 'De língua latina', de Marcus Terentius Varro (116-27 a.C.), para demonstrar que também os romanos usavam o termo 'pessoa' com a mesma finalidade, "uma vez que há três pessoas, aquela que fala, aquela a quem se fala e aquela de quem se fala".[1]

Textos de Plautus (cerca de 230 a.C.-180 a.C.), de Cícero (106-43 a.C.), de Terentius (82- 35 a.C.), de Seneca (4 a.C.-65 d.C.), de Plinius (23-79 d.C.), de Quintilianus (30-95 d.C.), de Martialis (entre 40 e 140 d.C.), de Tacitus (55-120 d.C.) e de Suetonius (69-141 d.C.), entre outros, permitem documentar diversos dos usos antes referidos do termo pessoa.

A máscara, por exemplo, designada pelo vocábulo latino '*persona*', não tinha emprego apenas no Teatro. Era usada igualmente em rituais de sepultamento. Segundo Kather (2007), como no teatro, a máscara ocultava o rosto do morto, de modo que ele podia apresentar algo que permanecia inacessível à intuição imediata dos presentes à celebração mortuária, seu percurso de vida ou a força do destino que o afetara – "a voz, que soava através da máscara, não devia ser ouvida como a de seu usuário. Este apresentava algo distinto de seus próprios interesses e convicções".[2] Assim, ao mesmo tempo em que fazia a mediação entre o visível e algo invisível, a persona/máscara permitia que uma realidade oculta se manifestasse. Havia, pois, no uso e no exercício da persona/máscara, a possibilidade de disfarce, de engano e de jogo de aparência. Essa faceta é, no entanto, também reveladora de que, embora a subjetividade não houvesse ainda sido objeto de uma reflexão específica como na Modernidade, já se tinha a percepção de que a individualidade racional era capaz tanto de misturar aparência e realidade e usar a máscara como recurso de ocultação, quanto de discernir entre realidade e aparência, ao identificar e 'desmascarar' o seu uso. A propósito, Fuhrmann cita tanto Martialis, que usa a expressão "arrancar a máscara do rosto" de alguém,[3] como Sêneca, que, referindo-se à

---

1. [...] *cum personarum natura triplex esset, qui loqueretur, ad quem, de quo.* VARRO, De lingua latina, 8, 20, *apud* FUHRMANN, 1989, p. 272.
2. *Die Stimme, die durch die Maske hindurch ertönte, sollte nicht als die ihres Trägers gehört werden. Er stellte etwas dar, was sich von seinen eigenen Interessen und Überzeugungen unterschied.* (KATHER, 2007, p. 12).
3. [...] *personam capiti detrahere* (FUHRMANN, 1989, p. 269).

dissimulação, afirmava que "pessoa alguma pode usar uma máscara por muito tempo; rapidamente as falsidades retornam a seu verdadeiro ser".[4] Nesse distanciamento teórico-racional entre os próprios interesses e convicções, de um lado, e o que se pode denominar de princípios e valores universais e abstratos, de outro, radica também a possibilidade de exercer papéis e funções sociais e, o que é mais importante, a possibilidade de construção da identidade própria, graças aos papéis sociais desempenhados e além deles.

As ideias de 'papel', 'figuração' e 'representação de um perfil', associadas no teatro à persona/máscara, tiveram aplicação ampla e foram muito bem documentadas, principalmente por Cícero (De Inventione, I, 22; De Finibus, I, 1; In Pisonem, 24, entre muitas outras passagens), Sêneca (De Beneficiis, 3, 21, 2; 28, 1) e Quintiliano (Institutio Oratoria, 3, 5 e seguintes; 5, 10-23 e seguintes), em áreas em que o processo de interação é movido pelo exercício de papéis e funções específicas de determinadas pessoas, tais como no Direito, na Retórica e no aparato governamental. Quanto ao Direito, Fuhrmann (1989) cita a 'Rhetorica ad Herennium', atribuída a Cícero, para mostrar como a Retórica se valeu da persona/máscara, enquanto papéis e funções, para convencer o juiz no processo judicial, "na medida em que partimos de nossa pessoa, da pessoa de nossos opositores, da pessoa dos juízes ou das próprias coisas".[5] Não obstante, Fuhrmann defende que 'pessoa' como sujeito de direitos e obrigações não foi um termo técnico no Direito romano, mas apenas uma designação genérica para qualquer indivíduo humano, mesmo os escravos.[6]

Por sua vez, o significado de 'persona' como papel desempenhado pelo sujeito humano relativamente a seus semelhantes pode igualmente ser documentado nas práticas sociais da antiga Roma em diferentes situações, inclusive familiares, em que à origem social, à idade e à profissão (e não ao indivíduo enquanto tal ou ao seu mérito próprio e pessoal) estão associados lugares e posições sociais bem definidos.

O que o Cristianismo trouxe de novo relativamente à construção da 'persona'/pessoa foi a experiência religiosa de um deus pessoal. Aliás, antes dele, o Judaísmo e, após, o Islamismo e, mais recentemente, o Siquismo partilham da mesma crença em um deus único e pessoal. Pelo que se sabe, foi o Cristianismo que levou mais longe a elaboração racional- discursiva desse 'outro' ou absoluto pessoal, que tem nome e se dirige ao indivíduo humano como a um *alter*, também

---

4. Nemo [...] potest personam diu ferre; ficta cito in naturam suam recidunt. (FUHRMANN, 1989, p. 269-270).

5. [...] *ab nostra, ab adversariorum nostrorum, ab auditorum persona, et ab rebus ipsis.* (FUHRMANN, 1989, p. 270).

6. Ver a propósito também FUHRMANN, 1979.

POSFÁCIO • PESSOA E IDENTIDADE PESSOAL 99

pessoal, e que, neste processo, assume inclusive a forma e a condição humanas (Encarnação). Até então, os deuses não eram considerados entidades pessoais.

Caberia certamente discutir a assunção de formas humanas por divindades gregas. Eram apenas recursos literário-poéticos? Ou eram práticas sociais de criação e consolidação de valores e padrões de comportamento? Na medida, porém, em que, nas religiões monoteístas citadas, o sujeito humano é interpelado e passa a integrar uma interlocução, na qual tem que se decidir pela aceitação ou pela recusa do diálogo ou da aliança, ele se vê pragmaticamente solicitado e reforçado em sua individualidade e pessoalidade. Esses são a reorientação e os fatos novos agregados pelo Cristianismo à construção histórica, social e ideológica da individualidade e da identidade pessoal do sujeito humano.

1.2 A sobrevivência do conceito teológico-cristão de pessoa no Direito e sua inefetividade no plano ético-político

Elaborada nos inícios do Cristianismo por obra de Aurelius Augustinus (354-430 d.C.) e de Severinus Boethius (entre 475–7 e 526 d.C.) como 'substância individual de natureza racional',[7] complementada por Tomás de Aquino (1225-1274) como aquela entidade que é uma por si mesma[8] e criticada na Modernidade (Locke [1964], Reid [1983], Butler [2006] e Leibniz [1996], entre outros), essa concepção acerca da pessoa sobrevive indiscutida no Direito, apesar das muitas e bem fundamentadas alternativas desenvolvidas na reflexão filosófica contemporânea (Strawson [1959], Bernard Williams [1978], Frankfurt [1993],

Parfit [1987, 1999, 2003], Quante [1999, 2007], Precht [2007], entre muitos outros). Conteúdos revelados de uma crença religiosa específica e conceitos filosóficos elaborados no esforço platônico-aristotélico de elucidação racional da realidade foram amalgamados e utilizados para permitir uma apreensão teológica das três pessoas de um deus uno, que se fez homem e continuou deus. Por sua origem e finalidade, é muito claro o caráter moral da concepção de pessoa resultante desse esforço de reflexão teórica. 'Moral' no sentido de relativo a ações, crenças, valores e instituições pelos quais se é responsável e que intervém no bem-estar e autorrealização dos integrantes de uma comunidade de indivíduos, na medida em que delimitam o que se entende por 'bom', 'justo' e racionalmente adequado.

---

7. [...] *naturae rationabilis individua substantia* (BOECIO, 2005, p. 282).
8. Tomás de Aquino não se afasta da definição de Boécio. Entende a pessoa como entidade que subsiste por si mesma, capaz de conhecer e querer, distinguindo-se pela liberdade. Enquanto tal, tem domínio sobre suas próprias ações e pode agir por si mesma (ver Summa Theologica, Parte I, Questão 29, Artigo I).

Outrora como hoje, essa concepção, embora produzida por humanos e com base na autocompreensão vigente à época, não é compartilhada universalmente pelos envolvidos em sua aplicação e não vem se mostrando à altura dos desafios a que está exposta a razão prática na atual sociedade pluralista e complexa. Ao longo de mais de dez séculos, essa racionalidade ou natureza racional, metafísica e abstratamente concebida e com pretensões prático-morais, não levou, nem teórica e nem praticamente, a que o indivíduo humano fosse caracterizado e respeitado como livre e nem implicou que lhe tenha sido concretamente possibilitado vivenciar a si mesmo como agente moral na condução da própria vida e na construção das próprias crenças e convicções. Se esta racionalidade restrita serviu para esclarecer a experiência religiosa de um deus assumido como pessoal, a correspondente concepção de pessoa não se concretizou efetivamente na prática social e nas instituições, sobretudo políticas, que fomentou.

Aquele que se sentir incomodado com essas afirmações acerca do conceito patrístico-escolástico de pessoa, sua vigência e efetiva implementação, queira pensar na inexistência, ao longo da Idade Média, de autonomia e de liberdade de crença e de expressão por parte dos 'fiéis' daquela crença religiosa que o formulou, bem como queira relembrar as Cruzadas e guerras religiosas orientadas para a subjugação e para o extermínio do diferente (o muçulmano ou o herege interno à Cristandade), sob a égide da Igreja Católica. Queira pensar no genocídio contra povos indígenas americanos, sob os signos da cruz e da espada, no período da colonização ibérica, e, a seguir, nas guerras de dominação colonial- imperialista perpetradas pelos europeus cristãos em todos os continentes nos últimos dois séculos. Queira pensar, sobretudo, na desagregação dos povos africanos, na sua escravização e na destruição sistemática de seu *habitat* e de suas culturas ancestrais (ver a respeito Marc Ferro 2004, Horst Gründer 2003, Wallerstein 2007, entre outros).

Em nível mundial, a situação agravou-se no último decênio com invasões e guerras genocidas: aquele que se opõe à dominação hegemônica do autodenominado ocidente cristão (quando lhe convém) é o inimigo 'insurgente' ou o terrorista a ser eliminado, e a ocupação de sua pátria, a destruição de sua cultura, sua tortura e sua aniquilação física e psicológica são consideradas moral e juridicamente justificadas pelos novos 'cruzados' europeus e norte-americanos. A vida humana do novo 'outro', mesmo de mulheres e crianças indefesas, não tem valor. Esses 'outros' não têm dignidade. Abu Ghraib, Guantânamo, sequestros, prisões flutuantes e terceirizadas, ataques por aviões não tripulados e ações terroristas ao modo de Kundus se multiplicam. A Europa cristã e iluminista, que subjugou militar e culturalmente a maioria dos demais países do planeta e produziu as duas grandes guerras mundiais e o nazifascismo, vem fechando suas fronteiras à imigração de não europeus e dando suporte à mais comprometedora e abrangente negação da pessoa do outro nas guerras do Iraque e do Afeganistão, já disseminadas para Paquistão e Iêmen. A política internacional patrocinada pela Europa e pelos Estados Unidos tem como referência exclusiva seus próprios interesses econômicos e políticos, sendo relegados os direitos da pessoa não integrante dos países do Atlântico Norte a plano secundário. Nesse contexto, o outro, indivíduo ou Estado, só é tratado como pessoa livre e autônoma se for aliado, ao qual tudo é permitido. A propósito, são eloquentes, a complacência de Europa e Estados Unidos com as violações de direitos fundamentais por parte do ditador egípcio Osni Mubarak e as práticas de violência e abusos de Israel em relação aos habitantes nativos dos territórios palestinos ocupados. No mesmo sentido, tortura e toda forma de abusos contra civis no Iraque, no Afeganistão e no Paquistão perpetrados por tropas ocidentais. Destaque-se ainda a contraditória política de não proliferação nuclear, que municia e arma aliados, sabota e terroriza os não aliados e não controla e nem fiscaliza os conhecidos detentores e disseminadores de tecnologia e artefatos nucleares.

1.3 Pessoa e realidade no Direito Brasileiro

Elemento de realidade e conceito central do e no Direito, a pessoa, enquanto indivíduo humano em cooperação ou em contraposição com os demais indivíduos, é sujeito de direitos e titular do Estado. Direitos e Estado são meios e condições de possibilidade da realização da pessoa, que é a razão de ser e o fim do Direito, quer como sistema teórico de enunciados universalmente válidos, quer como um conjunto de comandos e diretivas racionalmente fundamentadas do agir prático. Sob esse aspecto, é o indivíduo humano, enquanto pessoa, também autor do Direito posto, seu intérprete, seu aplicador e, por direito no Estado Democrático de Direito, também agente e responsável pelo desenvolvimento do

Direito e dos direitos, seja este uma revisão do Direito anterior ou explicitação e criação de Direito novo.

O indivíduo humano estabelece os fins considerados adequados à própria autorrealização e agencia os meios correspondentes para sua consecução (instituições sociais como o Direito, o Estado com suas funções e competências) precisamente por possuir e desenvolver determinadas potencialidades, que o caracterizam como pessoa. Na busca de determinar a individualidade racional constitutiva da pessoa, foram destacadas algumas potencialidades e propriedades como: capacidade de efetivar discursiva e processualmente a racionalidade individual e espaço-temporal que se é enquanto pessoa, capacidade de autoconsciência e de compreensão de si mesmo e do entorno em que se vive, capacidade de explicitação e implementação autônoma de dimensões valorativas e normativas acerca da realidade criada pelo agente humano em vista à efetivação racional de seus fins.

Apesar da enunciação das referidas potencialidades como constitutivas da classe de entidades caracterizadas como pessoas humanas (ser sujeitos de atitudes proposicionais, ser objetos de uma atitude ou de um posicionamento específicos, dispor de autoconsciência e ser capaz de uma autorrelação ativa e avaliadora), a propósito da pessoalidade (condição ou *status* de pessoa) do indivíduo humano sujeito de direitos, subsistem no Direito brasileiro, enquanto sistema teórico e enquanto prática social, tanto uma concepção de caráter teológico-metafísico quanto ditames práticos acoplados a uma crença religiosa histórica e culturalmente determinada, que contradizem amplamente a dimensão de pessoalidade do indivíduo humano concreto. Tais conteúdos são supostos como compartilhados por todos os integrantes do Estado Democrático de Direito brasileiro, mas, na prática, são escancaradamente negados e contraditados. Como exemplo considerem-se as expressões abertas, avaliativas e classificadoras de 'atos naturais', 'atos obscenos' e de 'bons costumes', usualmente referidas a atos ou práticas do âmbito sexual, sem que se tenha qualquer critério ou elemento intersubjetivo de referência a uma ordem valorativa expressa e explicitamente adotada no âmbito jurídico-legal. Pense-se, também, na frequência e na extensão com que são violados direitos da pessoa humana pelo próprio Estado brasileiro e seus agentes, que, apesar de sua maioria se autodenominar cristã, não cuidam suficientemente de prover a efetivação de garantias básicas da dignidade humana pessoal, como renda suficiente, educação, saúde, lazer, acesso à informação e à cultura, condições humanamente dignas de trabalho e de segurança física e sociopsicológica. Entre outros exemplos, podem ainda ser mencionados o precário sistema prisional brasileiro, sua superlotação e condições subumanas; o grande número de subempregados permanentes por falta de formação especifica (como frentistas, ascensoristas, boias-frias, vendedores de rua, flanelinhas e guardadores de automóveis, porteiros, cobradores de ônibus e coletivos); a situação discriminatória em que vive grande número de cidadãos brasileiros no tocante à remuneração recebida por igual trabalho ou função desempenhada e quanto às condições gerais de ascensão econômica e social; o regime tutelar em que são mantidos os indígenas e as restrições que envolvem o exercício de seus direitos políticos e civis, não tendo sido editada a lei especial prevista no parágrafo único do art. 4º do Código Civil, que regulará sua capacidade; a inexistência de isonomia entre os direitos garantidos aos empregados domésticos e rurais e aqueles assegurados aos trabalhadores urbanos.

POSFÁCIO • PESSOA E IDENTIDADE PESSOAL **103**

Nesse contexto, é exemplar o mero ruído em que se tornou o terceiro plano nacional de direitos humanos. Tanto posicionamentos corporativistas, quanto o recuo jurídica e constitucionalmente injustificável do Executivo não apenas inviabilizaram uma iniciativa coerente com o efetivo Estado Democrático de Direito, como impediram mais uma vez uma autêntica e necessária discussão nacional acerca de abusos perpetrados pelo próprio Estado contra os direitos fundamentais de seus cidadãos.

É certamente em razão de crenças e práticas religiosas mantidas por tradição e que não se coadunam com os princípios do Estado Democrático de Direito posto, que se sustentam ingerências indevidas do Estado no âmbito da escolha privada dos cidadãos. A esse respeito, destacam-se proibições de eutanásia e de aborto, restrições ao uso e disposição do próprio corpo, imposição de um regime determinado de casamento ao sexagenário, prevalência de pseudointeresses públicos sobre legítimos interesses privados, não reconhecimento de uniões homoafetivas.

Em todas essas situações está em jogo a conceituação estática e metafísica de natureza racional, natureza para a qual se apela na falta de argumentos racionais convincentes. Acontece que essa 'natureza' não mais se sustenta nem como racionalidade e nem como natureza. Não se sustenta como racionalidade porque há muito deixou de ser uma e definida independentemente da experiência e da observação. No Direito, sobretudo, como no âmbito da razão prática em geral, a racionalidade é construída em um processo no qual o outro, suas intenções, circunstâncias e razões contam. Menos ainda se sustenta o recurso à natureza em razão do que se denominou até agora de natureza. Que natureza? Que valor e que peso argumentativo teria esse recurso quando a 'naturalidade' (estado daquilo que seria intocado pela ação e transformação intencional do homem) nem mesmo em relação ao puramente animal e ao mundo físico-orgânico pode ser estabelecida ou defendida!

A crise é, pois, do conceito de pessoa. Diante dos avanços sociais e tecnológicos, bem como da complexidade e pluralidade da sociedade contemporânea, a concepção corrente de pessoa e seu conceito tradicional não possibilitam mais resolver o que e quem é pessoa.

Na problemática em torno do conceito e da prática relativos à pessoa, estão em jogo duas tensões não suficientemente contempladas pela abordagem metafísico-religiosa ainda vigente no Direito: de um lado, a tensão entre ser humano (reduzido por Boécio a ente de natureza racional) e ser pessoa (reduzida a suporte lógico-metafísico de faculdades de cognição e volição por Tomás de Aquino) e, de outro lado, a tensão entre a autonomia do indivíduo e sua constitutiva interação social. Nem o esgotamento da Filosofia Analítica nas últimas duas décadas e nem a redescoberta do Pragmaticismo foram suficientes para promover na reflexão e na prática jurídicas um efetivo enfrentamento de ambas as tensões. Pessoalidade é aquela capacidade teórico-prática do indivíduo humano racional de compreender a si mesmo, observar os demais indivíduos e o meio social à sua volta, podendo, em consequência, criar ou produzir valores e meios, que intervenham ou direcionem seu entorno ou modifiquem o curso da própria vida. Mais que atos isolados, a pessoalidade é a capacidade de assumir responsabilidade e marcar posição no espaço social. Não é, portanto, apenas estar consciente de uma situação ou de fatos socialmente significativos. É saber-se sapiente, isto é, saber-se conhecedor de si mesmo e do próprio papel em determinada situação, da responsabilidade que se tem em razão das próprias crenças e intenções enquanto agente ou paciente nessa situação, bem como das consequências dos posicionamentos adotados, das bases e fundamentos sobre os quais as atitudes e ações assumidas se apoiam. É saber-se parte de uma rede de pessoas, instituições, comprometimentos, implicações, consequências, exigências, coerências e incongruências com que as escolhas e ações implementadas intervirão. A pessoalidade é, assim, saber-se agente e produto de um processo de identificação e atualização de possibilidades, de autoconhecimento, de mudanças e de amadurecimento, processo este coexistente e coextensivo com a vida do indivíduo nos tempos e nos espaços físico, biológico, sociopsicológico e cultural de cada agente racional-discursivo e também da comunidade, em que a existência humana se efetiva.

Com tal característica da pessoa conflita frontalmente um Direito imposto de cima para baixo, por recurso à autoridade apenas funcional ou pelo recurso à força física. O apelo à Moral, à Tradição, às abstrações convenientes e vazias da pacificação social e da segurança jurídica – vazias por não atenderem aos fins sociais e às garantias constitucionais dos sócios do Estado Democrático de Direito; fins e garantias que são, incontestavelmente, condições da pacificação e da segurança efetivas – não convence mais o cidadão que se sabe produtor e usuário de crenças, motivações, fundamentações e justificações discursivamente racionais para a melhor condução de sua vida em comunidade. Se o Direito quiser interagir com os demais subsistemas da sociedade contemporânea, deverá, enquanto ciência social aplicada, assumir-se como uma construção discursiva e intersubjetivamente compartilhada de normas de conduta, racionalmente fundamentadas e voltadas para a efetivação justa do bom correto. A pessoalidade hoje exercitada e vivida não coincide mais com aquela conceituada e imposta em outro contexto de compreensão da racionalidade, da subjetividade e da autonomia do indivíduo humano enquanto pessoa.

2. A IDENTIDADE PESSOAL

2.1 Pessoalidade, unidade pessoal e personalidade como elementos constitutivos da identidade pessoal

A complexidade da pessoa e a multiplicidade de aspectos em que ela se efetiva exigem que se delimite tanto o vocabulário usado quanto o objeto por ele referido. Por 'pessoa' designar-se-á, a seguir, o agente racional humano capaz de estados epistêmicos de consciência e capaz de assumir-se como sujeito e autor de posicionamentos avaliativo- normativos com relação às ações próprias e alheias.

Geralmente, a temática da identidade pessoal é abordada em três grupos de problemas: pessoalidade, unidade da pessoa e personalidade. Em 'problemas da pessoalidade', de extrema relevância no âmbito ético e jurídico, busca-se determinar em que condições uma entidade racional pode e deve ser considerada pessoa. Estas condições são consideradas como um conjunto de qualidades, propriedades e faculdades, cujo funcionamento integrado constitui a pessoa. Em 'problemas da unidade da pessoa', procura-se, a propósito de uma pessoa, determinar em que condições, em diferentes momentos do tempo, se pode afirmar tratar-se de uma e da mesma pessoa. Em 'problemas da personalidade', trata-se de determinar as relações nas quais, em um contexto psicossocial compartilhado, o agente humano identifica-se com fins e valores, crenças e práticas do grupo em que se insere, construindo, assim, sua personalidade ou identidade biográfica a partir das avaliações que faz e da normatividade ético-jurídica de cuja construção participa. Do mesmo modo que as facetas 'pessoalidade', 'unidade' e 'personalidade' em relação à identidade pessoal, também esses grupos de questões não são dissociados entre si. Uma posição assumida quanto a um problema pode interferir na percepção e no encaminhamento da solução relativa a outro problema de um grupo diferente de questões. Dessa forma, o presente tópico tem por objeto a identidade da pessoa humana em geral, abordando, quando for o caso, problemas relativos à pessoalidade, à unidade ou à personalidade.

A condição de 'indivíduo' do existente humano – não dividido em relação a si mesmo e distinto dos demais – posiciona o sujeito humano no tempo e no espaço e o torna uma entidade singular e única. Único para si mesmo e igual a si mesmo, por um lado: pela autoidentidade, o indivíduo sabe-se alguém, ele próprio ou um 'self', e tem autoconsciência de si mesmo na multiplicidade, simultaneidade e/ou sucessão transtemporal de crenças, intenções, ações, situações, acontecimentos, permanências e mudanças de que é sujeito e/ou objeto. Por outro lado, a individualidade torna o sujeito humano socialmente identificável como único, idêntico a si mesmo e peculiar para os demais indivíduos humanos: a identidade social e processualmente construída assume a forma de uma biografia ou autorrealização resultante dos comprometimentos, das funções e dos papéis privados e públicos escolhidos e/ou assumidos pelo agente humano individual.

Na interação, o espaço e o tempo concretos e situados permitem que o indivíduo humano se identifique e seja identificado por seus semelhantes com um volume físico-biológico determinado e com uma conformação imagética únicos. Não se trata apenas do tempo enquanto um momento numericamente mensurado no curso do movimento (antes, durante e depois),[9] em que ações, vivências e movimentos transcorrem. Trata-se, sobretudo, dos tempos cultural e psíquico-social da interação, do trabalho, da comunicação e da autocompreensão, que moldam crenças e comportamentos e, principalmente, forjam e sustentam a continuidade da pessoa em diferentes momentos e circunstâncias.

Falar em pessoa é falar de alguém como distinto e diferenciado, único e só igual a si mesmo. Qualificar a pessoa como uma entidade de natureza racional é nomear apenas uma das propriedades ou qualidades necessárias para que o indivíduo humano possa se desenvolver e ser considerado como pessoa. Não apenas a razão e nem tão somente a pertinência a uma espécie biológica tornam o indivíduo humano pessoa. É através do exercício da racionalidade na efetivação de si mesmo, enquanto um projeto em execução ao longo de toda a vida do indivíduo, que o existente humano se produz como pessoa, na medida em que desenvolve uma relação consciente consigo mesmo, com o mundo, com seus outros, sejam eles divino ou humano, real ou fictício. A pessoa torna-se, assim, uma interseção e uma relação transitória de momentos tanto complementares quanto opostos entre si, podendo, no entanto, continuar uma unidade e uma identidade do ponto de vista da primeira pessoa. O espaço em jogo, por sua vez, é principalmente o das relações sócio- psicológicas e morais, aquele em que o indivíduo humano é levado em conta como agente autônomo e livre, que marca posição ao assumir crenças e comportamentos, responder por suas ações e posturas, endossar valores ou deles divergir, comportar-se como autor e ator de seus atos e escolhas e arcar com suas consequências e implicações.

Na discussão mais recente, o 'self' (o si mesmo ou o eu próprio como forma reflexiva do 'eu' enquanto indicador referencial da comunicação e do agir em geral) e a 'autoconsciência' (consciência de si ou autorreflexão como capacidade do sujeito que conhece de referir-se tanto aos objetos quanto aos desempenhos subjetivos de seus próprios atos de conhecimento e ação) fundiram-se no que se passou a denominar 'identidade pessoal'.

E que espécie de identidade é a identidade pessoal?

---

9. Ver Aristóteles (1995), Física, livro IV, capítulo 11.

POSFÁCIO • PESSOA E IDENTIDADE PESSOAL **107**

O cerne da questão filosófica acerca da pessoa, no passado como hoje, ainda é esclarecer se e como as pessoas podem constituir e preservar um sentido continuado de sua própria identidade, apesar das continuadas mudanças físicas e psíquicas e através delas. Assim, serão trabalhadas, a seguir, as noções de igualdade e identidade, para, então, explicitar alguns dos mais discutidos posicionamentos teóricos acerca da identidade pessoal.

2.2 Identidade e igualdade

Geralmente se perde de vista que a identidade é um caso especial de igualdade. Também, quando se trata de identidade, é comum enfatizar a identidade numérica, que não é a única forma de compreender a igualdade. Há, com efeito, uma igualdade ou conformidade denominada de qualitativa e que permite que sejam considerados iguais indivíduos ou objetos diferentes, que, pelo menos sob um determinado aspecto, possuem iguais propriedades.[10] Igualdade social e igualdade política podem ser mencionadas como exemplos de igualdades qualitativas.

Essas distinções podem ser importantes para a temática da identidade pessoal quando, por exemplo, se pensa que, com o termo 'pessoa', foram designados até recentemente tanto o existente individual e sua diferença específica 'ser vivo dotado de linguagem e razão' ou 'animal racional', quanto o abstrato 'homem' enquanto conceito indicador do gênero a que pertencem os indivíduos classificados como humanos. Em uma linguagem mais rigorosa, tende-se hoje a empregar o termo 'pessoa' para designar uma entidade individual ou um sujeito autônomo – no sentido de um existente portador de determinados atributos, propriedades ou qualidades – e identificável como único a partir de estados epistêmicos de consciência e de posicionamentos sociais e morais próprios.

A igualdade, lógica e matemática, é uma relação de equivalência entre dois conjuntos, 'a' e 'b', por exemplo, definida exclusivamente com recursos formais, de modo que os objetos do conjunto 'a' podem ser ditos lógica ou matematicamente iguais aos objetos do conjunto 'b' sempre que uma asserção sobre 'a' tiver igual valor de verdade que uma correspondente asserção sobre 'b'.

Já a identidade, enquanto especificação da igualdade lógica, é considerada ou como igualdade absoluta ou como igualdade parcial ou relativa. A denominada igualdade concreta ou identidade numérica exige que a identidade qualitativa seja total e, por isso mesmo, só pode existir entre um objeto e ele próprio. Assim, a identidade numérica é uma relação de equivalência entre dois objetos de áreas

---

10. As propriedades são características predicáveis de objetos. Considera-se que todo objeto é caracterizado por um número finito de propriedades. Dessas, algumas são consideradas intrínsecas; outras, relacionais; algumas, necessárias; outras, suficientes; e outras, acidentais.

quaisquer e que se caracteriza pelo fato de que cada objeto nessa relação só está em relação consigo mesmo. Dessa conceituação, resultam claros os princípios que regem a identidade: reflexividade e substitutividade. Pela reflexividade, enuncia-se que cada objeto é idêntico a si mesmo. Pela substitutividade, por sua vez, assume-se que, sendo os objetos x e y idênticos e sendo verdadeira uma asserção B acerca de x, B será também verdadeira acerca de y. Tal relação de equivalência, constitutiva da igualdade, é dita reflexiva quando se leva em conta o princípio leibniziano da indiscernibilidade dos idênticos. Dessa reflexividade deriva ser a relação de identidade também simétrica e transitiva, de tal modo que, se B for verdadeiro acerca de x e for falso acerca de y, então x não é idêntico a y. Vê-se, assim, que a distinguibilidade e o ser distinto dos não idênticos são a contraposição do enunciado inicial de Leibniz.

É a identidade pessoal uma identidade numérica?

A tendência predominante na atual discussão acerca da identidade pessoal é que ela não é uma identidade numérica. Como se verá a propósito de Locke, a pergunta acerca das condições nas quais uma dada pessoa X em um determinado momento do tempo é idêntica à pessoa Y em um outro momento do tempo aponta para uma identidade diacrônica e não numérica. Popularizado a partir da linguística, o termo diacronia designa o desenvolvimento ou constituição de uma entidade ou fenômeno através de sua história e das mudanças por que passou através do tempo. Identidade diacrônica significa, então, uma identidade que se constrói e se mantém ao longo do decorrer do tempo, estende-se além e através do tempo, sendo, pois, intertemporal ou transtemporal. A principal razão alegada para afastar a identificação entre identidade pessoal e identidade numérica é que a identidade pessoal, não sendo um fenômeno homogêneo e estático, não pode ser reduzida a uma relação lógica e, como tal, desconectada das condições espaciais, temporais e sociais constitutivas da peculiaridade do existente humano individualizado como pessoa.

A identidade pessoal seria muito mais uma unidade resultante do cruzamento de experiências, crenças, intenções, projeções, valores, ações e posicionamentos assumidos e/ou desenvolvidos por uma entidade racional autoconsciente. Esta, por sua vez, é sujeito e objeto de atitudes proposicionais nos processos interativo e comunicativo de que participa e capaz também de autodeterminar-se quanto a conteúdos valorativos e normativos, inclusive no âmbito ético.

Nesse contexto, Quante (2007) dissocia a identidade numérica da identidade pessoal e sustenta que, com a pergunta acerca das condições da identidade pessoal de uma mesma entidade em um ou em diferentes momentos do tempo, não se está perguntando especificamente pela identidade das entidades pessoais. Em consequência, evita o termo identidade e emprega as expressões 'unidade sincrônica' e 'unidade diacrônica' para se referir à permanência e à continuidade

POSFÁCIO • PESSOA E IDENTIDADE PESSOAL **109**

de uma mesma pessoa em tempos diferentes: "uma vez que queremos reservar o conceito de identidade para a identidade numérica, chamamos de condições da *unidade sincrônica* as condições para que uma entidade, em um determinado momento do tempo, seja precisamente uma pessoa. Que, com a pergunta acerca das condições da unidade sincrônica, não se está perguntando por uma trivialidade pode ser esclarecido com diferentes exemplos: sob que condições é verdade que um grupo de estudantes, que cantam ao mesmo tempo em uma sala de aula, estão apresentando um coral? Sob que condições se deveria qualificar a mesma ocorrência como cantar simultaneamente duas canções ou como o cantar simultâneo de uma canção, em outro tempo? Sob que condições deve um monte de grãos de areia ser considerado uma duna em movimento e quando duas? Indo ao caso da pessoa humana, que nos interessa: a partir de que grau de esquizofrenia ou distúrbio da personalidade não mais falamos de uma pessoa, mas de várias?".[11]

Quante define, então, em que consiste a unidade diacrônica e a exemplifica: "Chamamos de condições da *unidade diacrônica* as condições para que uma entidade seja uma e a mesma em dois diferentes momentos do tempo. As perguntas acerca das condições da unidade diacrônica não são igualmente fáceis de serem respondidas. Voltando ao que interessa, a pessoa humana, faz sentido dizer que a pessoa que está agora diante de nós como adulta é a mesma pessoa que o ovo fecundado, do qual resultou? Permanece uma pessoa uma e a mesma pessoa quando se encontra em coma irreversível em uma unidade de tratamento intensivo? Ou podemos, após modificações drásticas de uma pessoa, por exemplo, através de uma mudança da consciência religiosa, de uma lavagem cerebral ou após uma mudança de sexo, ainda continuar falando de uma e da mesma pessoa?".[12]

---

11. Nennen wir, da wir den Begriff der Identität für numerische Identität reservieren wollen, die Bedingungen dafür, dass eine Entität zu einem Zeitpunkt genau eine Person ist, Bedingungen für *synchrone Einheit*. Dass mit der Frage nach den Bedingungen synchroner Einheit nicht nach einer Trivialität gefragt wird, kann man sich an verschiedenen Beispielen verdeutlichen: Unter welchen Bedingungen gilt, dass eine Gruppe von Schulkindern, die in einem Klassenraum gleichzeitig singt, einen Choral aufführt? Unter welchen Bedingungen müsste man den Vorgang als das gleichzeitige Singen zweier Lieder oder als das gleichzeitige, zeitversetzt stattfindende Singen eines Liedes werten? Unter welchen Bedingungen ist ein Haufen von Sandkörnern al seine Wanderdüne zu zählen, wann als zwei? Um auf den uns interessierenden Fall der menschlichen Person einzugehen: Ab welchem Grad von Schizophrenie oder Persönlichkeitsstörung sprechen wir nicht mehr von einer Person, sondern von mehreren Personen? (QUANTE, 2007, p. 9).

12. Nennen wir die Bedingungen dafür, dass eine Entität zu zwei verschiedenen Zeitpunkten ein und dieselbe ist, Bedingungen für *diachrone Einheit*. Es ist klar, dass die Frage nach diesen Bedingungen für diachrone Einheit ebenfalls nicht leicht zu beantworten sein wird. Macht es, [...], Sinn zu sagen, dass die Person, die hier als erwachsene Person vor uns steht, ein und dieselbe Person ist wie die befrüchtete Eizelle, aus der sie hervorgegangen ist? Bleibt eine Person auch dann ein und dieselbe, wenn sie als irreversible komatöser Patient auf der Intensivstation liegt? Oder können wir nach drastischen Veränderungen einer Person, z. B. durch religiösen Bewusstseinswandel, durch Gehirnwäsche oder beispielweise nach einer Geschlechtsumwandlung immer noch von ein und derselben Person sprechen? (QUANTE, 2007, p. 9-10).

As discussões mais recentes têm deixado claro que unidade e identidade pessoais não são expressões sinônimas. Através e apesar das mudanças inter-temporais, de ordem física, psicológica e social, uma pessoa pode conservar sua unidade. Ela se constrói sobre pensamentos, crenças, sentimentos, lembranças e imagens processadas como próprias, nas quais se reconhece e se autoidentifi-ca, mesmo que delas se distancie crítica e praticamente ao repudiar e modificar atitudes e posicionamentos antes assumidos. Também a unidade é dinâmica e se altera no decurso do tempo. Quanto à identidade pessoal, não só se admite a coexistência em uma mesma pessoa de múltiplas identidades, como se aceita a compatibilidade entre identidade e mudança. O problema a respeito da identidade pessoal centrou-se na questão acerca das suas condições ou critérios. De todo modo, identidade e unidade têm que ser pensadas em conexão.

Com efeito, como qualificar ou reconhecer uma pessoa como a mesma sem antes a haver identificado com uma determinada história ou unidade de vida?

O critério ou a condição físico-biológica e espaço-temporal mais imediata e empírica da identidade pessoal, inclusive intuída pelos sentidos, é a do corpo que a pessoa tem. Nessa direção, caminharam Aristóteles e os Medievais ao buscarem determinar, entre matéria e forma, o que distingue e identifica um indivíduo enquanto tal e ao indicar a matéria como princípio de individuação das formas especificamente constitutivas do indivíduo.

Critério alternativo foi indicar, já na Modernidade, a memória, em especial a consciência das próprias recordações, como elemento constitutivo da identi-dade pessoal.

As teorias, de que se tratará a seguir, discutem se tais critérios podem ser considerados independentes entre si, se são suficientes e necessários ou se algum é mais fundamental que outro. Serão consideradas apenas algumas dentre as muitas teorias desenvolvidas a partir da Modernidade, principalmente aquelas a que se reportam as teorias mais recentes e que se desvincularam tanto de pres-supostos metafísicos e teológicos, como da abordagem dualista com relação à identidade pessoal.

2.3 As principais teorias acerca da identidade pessoal: De Locke ao século XX

2.3.1 Identidade pessoal segundo John Locke

O primeiro pensador moderno, em cujo conceito de pessoa a identidade pes-soal é central e cujos argumentos ainda se sustentam, é John Locke (1637-1704). No capítulo intitulado *Of Identity and Diversity*, acrescentado, em 1694, à segunda edição do *An Essay Concerning Human Understanding*, Locke se distanciou das discussões teológicas e metafísicas de sua época, ao defender que 'ser pessoa' é diferente de 'ser humano' e que sua persistência no tempo e no espaço é função de ter a pessoa a mesma consciência e não de manter um mesmo corpo ou uma mesma alma imaterial. Assim, Locke inovou ao dissociar a identidade pessoal do conceito de substância e considerá-la uma relação imanente à consciência. Inovou também ao distinguir as condições ou critérios de identidade para ser considerado 'ser humano' daqueles para definir a entidade pessoal. Vê-se, pois, que estão postas as condições para pensar, de um lado, a identidade pessoal como independente de uma substância subjacente e, de outro, para pensar a autoconsciência como constitutiva da identidade pessoal uma vez que para Locke todo estado consciente da pessoa humana é sempre autoconsciente.

Para melhor compreensão, é importante destacar as seguintes pressuposições assumidas explicitamente por Locke a propósito da identidade pessoal, nos dois primeiros parágrafos do capítulo XVII do texto de 1694: 1) duas coisas da mesma espécie não podem existir no mesmo lugar e no mesmo tempo; 2) uma mesma coisa não pode ter dois começos ou princípios de existência, sendo por isso impossível que duas coisas da mesma espécie existam no mesmo instante e no mesmo lugar ou que uma e a mesma coisa exista em diferentes lugares; 3) há somente três substâncias: deus, inteligências finitas e corpos; 4) as condições da identidade de uma substância, de modos e de relações dependem da ideia dessa substância ou desses modos e relações.

No parágrafo 9 do capítulo XVII, do livro II do *An Essay Concerning Human Understanding*, Loche apresenta uma definição de pessoa, que contempla a dimensão de efetivação estendida no tempo e no espaço de uma entidade pessoal, bem como a compreensão de si mesmo pela entidade racional que age e pensa, perfazendo a identidade pessoal. Deste modo, segundo Locke, a pessoa "é um ser inteligente que pensa, é dotado de razão e reflexão e que pode considerar a si mesmo enquanto si mesmo, podendo pensar-se como a mesma coisa em diferentes tempos e lugares, o que ocorre em razão da consciência, que é inseparável do pensar e lhe é essencial: pois é impossível para qualquer um compreender sem *compreender* que compreende. Quando vemos, ouvimos [...] ou queremos algo, sabemos que o fazemos. É sempre assim, como é relativamente a nossas presentes sensações e percepções: através delas, cada um se torna para si mesmo aquilo que chama *seu próprio eu*".[13]

---

13. [...] is a thinking intelligent being, that has reason and reflection, and can consider itself as itself, the same thinking thing, in different times and places; which it does only by that consciousness which is inseparable from thinking, and, [...], essential to it: it being impossible for any one to perceive without perceiving that he does perceive. When we see, hear [...] or will anything, we know that we do so. Thus it is always as to our present sensations and perceptions: and by this every one is to himself that which he calls *self* (LOCKE, 1952, p. 222).

A partir desses elementos e na sequência do pensamento até então desenvolvido, Locke define a autoconsciência como a condição ou o critério da identidade pessoal: "não se trata, nesse caso, de se o mesmo eu continua existindo na mesma ou em diferentes substâncias. Pois, uma vez que a consciência acompanha sempre o pensar e faz de cada um aquilo que ele chama de seu eu próprio e, assim, o distingue de todas as outras coisas pensantes, somente nisso consiste a identidade pessoal, isto é, em permanecer o eu próprio de um ser racional igual a si mesmo. Tão longe quanto essa consciência pode ser estendida se voltando para qualquer ação ou pensamento passado, tanto alcança a identidade dessa pessoa. Ela é agora o mesmo eu que era no passado; e aquela ação foi realizada pelo mesmo eu, que agora reflete sobre ela".[14]

A seguinte passagem do parágrafo 10, do capítulo XVII, mostra que, com o termo consciência, Locke tem em vista a memória, especialmente na função de revelar como alguém aparece para si mesmo como permanecendo o mesmo na relação de coextensão entre consciência e tempo: "a pergunta é acerca do que constitui uma pessoa a mesma e não se se trata da mesma substância. [...] Pois, sendo uma mesma consciência que faz alguém ser ele mesmo para si próprio, a identidade pessoal depende apenas de se a consciência pode ser associada somente a uma substância individual ou se pode ser continuada em uma sucessão de múltiplas substâncias. Com efeito, tão longe no tempo quanto pode um ser inteligente repetir a ideia de uma ação passada com a mesma consciência que dela teve então e com a mesma consciência que tem de uma ação atual, tanto vige no tempo o mesmo eu pessoal. Pois é pela consciência que tem dos pensamentos e ações presentes que o eu próprio é ele mesmo para si próprio agora e do mesmo modo será o mesmo eu até onde a mesma consciência pode ser estendida para ações passadas ou futuras...".[15]

---

14. [...] it not being considered, in this case, whether the same self be continued in the same or divers substances. For, since consciousness always accompanies thinking, and it is that which makes every one to be what he calls self, and thereby distinguishes himself from all other thinking things, in this alone consists personal identity, i. e. the sameness of a rational being: and as far as this consciousness can be extended backwards to any past action or thought, so far reaches the identity of that person; it is the same self now it was then; and it is by the same self with this present one that now reflects on it, that action was done (LOCKE, 1952, p. 222).

15. The question being what makes the same person; and not whether it be the same identical substance [...]

For , it being the same consciousness that makes a man be himself to himself, personal identity depends on that only, whether it be annexed solely to one individual substance, or can be continued in a succession of several substance. For as far as any intelligent being can repeat the idea of any past action with the same consciousness it had of it at first, and with the same consciousness it has of any present action; so far it is the same self. For it is by the consciousness it has of its present thoughts and actions, that it is *self to itself* now, and so will be the same self, as far as the same consciousness can extend to actions past or to come (LOCKE, 1952, p. 222).

POSFÁCIO • PESSOA E IDENTIDADE PESSOAL 113

Objeções, sobretudo de natureza lógica, foram feitas à proposta lockeana de explicação da identidade pessoal por seus contemporâneos. Três dessas críticas se destacaram e são ainda recorrentes. Tanto quanto as objeções, de tão repetidas, as respostas a elas tornaram-se lugares comuns e continuam a impulsionar a discussão. A concepção da identidade pessoal como uma unidade diacrônica baseada nas lembranças atuais do eu próprio relativamente a vivências passadas levaria, segundo Reid (1983), a uma contradição, na medida em que se urgisse a aplicação da relação de transitividade a um caso, em que uma mesma pessoa não se lembrasse de uma ação ou um feito passado, no qual de fato esteve envolvida, embora se lembrasse de outros feitos e ações. Ocorreria, então, que, em razão de a consciência não se estender tão longe no passado quanto seria necessário para incluir o fato ou a ação esquecida como própria daquela pessoa, a mesma pessoa seria (pela transitividade da relação de identidade) e não seria (por não se lembrar do fato ou da ação passada) a mesma pessoa em um mesmo momento do tempo.

Por sua vez, Butler (2006) aponta circularidade na concepção da identidade/unidade diacrônica da pessoa humana. Essa, segundo Locke, é constituída pela consciência e lembrança, por parte da mesma pessoa, de ações e vivências passadas a ela relativas. Para Butler, Locke serve-se da unidade diacrônica da pessoa na constituição da identidade pessoal, exatamente o que deveria ser demonstrado. Butler argumenta que a autoconsciência da identidade pessoal pressupõe a identidade pessoal, mas não a constitui: se me lembro de ações passadas é porque já eram minhas, faziam parte de minha identidade.

Relativamente às críticas de Leibniz, muito integrado nas discussões teológicas então em curso, dois pontos devem ser ressaltados. Por um lado, também Leibniz considera a consciência o elemento constitutivo da identidade pessoal, como evidencia a seguinte passagem, na qual Leibniz distingue entre espíritos, almas e outras formas substanciais e afirma a importância da memória na constituição da identidade pessoal: "a alma dotada de inteligência, porém, aquela que sabe o que ela é e que pode dizer 'eu', subsiste não apenas em sentido metafísico – se bem que o faz em grau muito mais elevado do que as demais – mas continua também a mesma no sentido moral e constitui a mesma pessoa. Com efeito, são o conhecimento e a lembrança desse eu, que a tornam suscetível de castigo e de recompensa. Também a imortalidade, que a moral e a religião reclamam, não consiste tão e somente na simples e continuada subsistência, que compete igualmente a todas as substâncias, pois sem a lembrança daquilo que se foi, ela nada teria de desejável".[16]

---

16. Die verstandesbegabte Seele aber, die weiss, was sie ist und die jenes "Ich" auszusprechen vermag, das viel besagt, besteht nicht nur im metaphysischen Sinne fort – obgleich sie auch dies in höherem Grade als die andren tut – sondern sie bleibt auch moralisch dieselbe und macht dieselbe Persönlichkeit aus.

Por outro lado, diferentemente de Locke, Leibniz considera existir uma substância subjacente à unidade/identidade pessoal. Para essa perspectiva de fundamentação substancialista, que também persiste até os dias atuais, a identidade pessoal não resultaria de relações da consciência, mas adviria de algo lógica e temporalmente anterior ou mesmo *a priori*.

Antes da apresentação de outras concepções mais recentes acerca da identidade pessoal, importa lembrar que, após Locke, vários autores ocuparam-se do problema. Para estabelecer mais uma ponte com as atuais discussões, serão referidas rapidamente as posições de David Hume e de Kant a propósito do tema.

Hume, em *A Treatise of Human Nature* (1974), elimina completamente o conceito de substância, concebe a identidade da consciência individual como um feixe de percepções e considera uma ficção as ideias e qualidades complexas associadas à substância. Assim, o que se designa por '*mind*' "nada mais é que um conjunto ou coleção de diferentes percepções, reunidas por certas relações e supostas, embora erroneamente, como dotadas de perfeita simplicidade e identidade".[17]

Como só há consciência de percepções isoladas, a identidade, conclui Hume, consiste em uma errônea atribuição de igualdade a uma sucessão de percepções, cujas diferenciações são negligenciadas pela memória, o que ocasiona a falsa ideia de algo idêntico. Com a identidade pessoal ocorreria algo semelhante: "a identidade, que atribuímos à consciência de si do indivíduo humano, é apenas uma ficção e da mesma espécie daquela que atribuímos a vegetais e a corpos animais. Não pode, portanto, ter uma origem diferente, mas precisa originar-se de operação da imaginação semelhante àquela relativa aos objetos".[18] Em outras palavras, a ficção da identidade é produto tanto dos princípios de associação (semelhança, contiguidade, causação), que conferem unidade à percepção, como de deficiências da memória.

Por sua vez, Kant representaria o elo entre as orientações contrapostas acerca da identidade pessoal, do racionalismo e do empirismo, na medida em

---

Denn es ist die Erkenntnis dieses Ich und die Erinnerung daran, die sie der Strafe und Belohnung zugänglich macht. Auch besteht die Unsterblichkeit, die man in Moral und Religion fordert, nicht einzig und allein in dem blossen immerwährenden Fortbestand, der ja allen Substanzen gleichmässig zukommt; denn ohne die Erinnerung an das, was gewesen ist, enthielte sie nichts Wünschenswertes (LEIBNIZ, 1966, p. 183).

17. That what we call a mind, ist nothing but a heap or collection of different perceptions, united together by certain relations, and supose'd, tho' falsely, to be endow'd with a perfect simplicity and identity (HUME, 1978, p. 207).

18. The identity, which we ascribe to the mind of man, is only a fictitious one, and of a like kind with that which we ascribe to vegetables and animal bodies. It cannot, therefore, have a different origin, but must proceed from a like operation of the imagination upon like objects (HUME, 1978, p. 259).

POSFÁCIO • PESSOA E IDENTIDADE PESSOAL **115**

que critica ambas as correntes de pensamento por considerarem a constituição da subjetividade pessoal e sua identidade do mesmo modo como consideram os demais objetos. No entanto, a solução apresentada não convenceu os empiristas. Após distinguir entre o sujeito ou agente empírico do conhecimento e da ação e o sujeito transcendental, enquanto princípio da unidade de conhecimento e objeto, resulta que o sujeito pessoal em sua identidade não é objeto de percepção ao modo empirista. E a razão é que o "eu", que afinal constitui a identidade da consciência pessoal, é uma representação formal, condição do conhecimento, mas vazia de conteúdo.

É no âmbito da razão prática, porém, que a posição kantiana acerca do problema da identidade/unidade da pessoa ganha maior relevância. Uma vez que a identidade pessoal implica autonomia de ação, uma entidade racional só pode ser dita pessoal na medida em que ela própria estabelece seus fins e é capaz de estruturar sua ação em ordem a efetivá-los. E a ação envolve outros humanos com iguais ou contrapostos fins e interesses. É então, no confronto e na cooperação entre os sujeitos de interesses e fins, que intenções e meios são reavaliados e as pessoas marcam posição no espaço social, assumindo papéis e funções e constituindo sua identidade pessoal. Essa formulação pragmaticista é feita por Kant em termos de Moral e de Direito. É nesse contexto, em conexão direta com a autonomia e a liberdade, matrizes da identidade pessoal, que a pessoa é considerada valor absoluto: "supondo que exista alguma coisa, cuja existência em si mesma tenha um valor absoluto, o que, enquanto fim em si mesmo, poderia ser o fundamento de determinadas leis, então estaria nele e somente nele o fundamento de um possível imperativo categórico, isto é, de uma lei prática. Eu digo, pois, que o homem, e em geral todo ser racional, existe como fim em si mesmo, não apenas como meio para o uso arbitrário desta ou daquela vontade [...] Os seres, cuja existência depende não de nossa vontade, mas da natureza, tem, se seres irracionais, um valor apenas relativo, enquanto meios, e em razão disso são chamados de coisas, enquanto os seres racionais são denominados pessoas porque sua natureza já os distingue como fins em si mesmos, isto é, como algo que não deve ser usado como simples meio (e é objeto de respeito), limitada assim toda arbitrariedade".[19]

---

19. Gesetz aber, es gäbe etwas, dessen Dasein an sich selbst einen absoluten Wert hat, was, als Zweck an sich selbst, ein Grund bestimmter Gesetze sein könnte, so würde in ihm, und nur in ihm allein, der Grund eines möglichen kategorischen Imperativs, d.h. praktischen Gesetzes, liegen. Nun sage ich: der Mensch, und überhaupt jedes vernünftige Wesen, existiert als Zweck an sich selbst, nicht bloss als Mittel zum beliebigen Gebrauche für diesen oder jenen Willen [...] Die Wesen, deren Dasein zwar nicht auf unserm Willen, sondern der Natur beruht, haben dennoch, wenn sie vernunftlose Wesen sind, nur einen relativen Wert, als Mittel, und heissen daher Sachen, dagegen vernünftige Wesen Personen genannt warden, weil ihre Natur sie schon als Zwecke an sich selbst, d.i. als etwas, was nicht bloss als Mittel gebraucht werden darf, auszeichnet, mithin so fern alle Willkür einschränkt. (KANT, 1956, p. 59-60).

2.3.2 Peter Strawson e Bernard Williams

No contexto em que atuam os autores aqui abordados, novos são os problemas e os desafios práticos relativos à identidade pessoal. O maior rigor no uso da linguagem, as inovadoras pesquisas acerca da constituição do *self* a partir da Modernidade, a independência crítica com relação a pressupostos religiosos e ideológicos, a crescente interdisciplinaridade e o avanço tecnológico permitiram que se tornassem concretos e urgentes problemas de ordem ética e jurídica, para os quais as práticas e os conhecimentos disponíveis não tinham respostas satisfatórias.

Afirma-se, com frequência, que a discussão atual acerca da identidade pessoal deve muito de sua motivação aos trabalhos de Strawson (1919-2006) e de Bernard Williams (1929-2003).

Com sua reconstrução do pensamento kantiano[20] a partir da perspectiva analítica, Strawson contribuiu para tornar acessíveis questões centrais da concepção formalista kantiana acerca do indivíduo e da identidade pessoal. No entanto, Strawson não se ocupou especificamente dos aspectos práticos da ação moral e social do agente racional humano, enquanto elementos constitutivos da pessoa. Em contraposição, Bernard Williams se dedicou permanentemente à abordagem de questões ético-morais específicas, integrou comissões dedicadas à resolução de questões relativas a essa matéria, havendo se ocupado intensamente com problemas relativos à identidade pessoal e aos papéis de razão e de emoções no agir ético. Seus textos explicitam seu distanciamento crítico com relação às sistematizações e sua recusa em admitir um 'absoluto' no âmbito da teorização e das práticas éticas.

Em *Individuals*, Strawson busca delimitar a natureza de entidades particulares e as condições para identificá-las nos atos de fala, em que universais e particulares são relacionados através de referenciação e predicação. Esse objetivo determina a divisão do livro em duas partes. Na primeira parte, Strawson mostra a posição e o papel que pessoas e corpos, considerados os particulares básicos entre todos os particulares, desempenham entre os particulares. Na segunda parte, que interessa menos ao tema do presente texto, é desenvolvida a conexão entre o particular e a ideia do objeto referido na fala.

E a pessoa e sua identidade? Strawson considera a pessoa um conceito primitivo, que não pode ser derivado de outro ou reduzido a outros elementos, do ponto de vista lógico. Pode-se, no entanto, caracterizar a pessoa através da identificação e da atribuição de estados de consciência, intenções, percepções, enfim, de percepções e experiências, que alguém experimenta como próprias ou suas, na medida

---

20. The Bounds of Sense. An Essay on Kant's Critique of Pure Reason. London, Methuen & Co. Ltd, 1968.

POSFÁCIO • PESSOA E IDENTIDADE PESSOAL **117**

em que está em condição de saber outras entidades individuais como sendo do mesmo tipo lógico e, portanto, de reconhecê-las como sujeitos de tais predicados e de semelhantes sensações, percepções e intenções.[21] Em ordem a caracterizar a pessoa, Strawson distingue, então, duas espécies de predicados, aqueles atribuíveis a corpos matérias (*M-predicates*) e o conjunto de todos os demais predicados atribuídos a pessoas (*P-predicates*). Pessoas são, então, afirma Strawson, aqueles seres a que podem ser atribuídos tanto predicados atribuíveis somente a corpos materiais, quanto predicados relativos a estados de consciência.[22]

A tradição empirista de valorização das sensações e percepções na construção do conhecimento, o distanciamento crítico dos modelos cartesiano e da 'não subjetividade do eu'(*no-ownership or no-subject doctrine of the self*) e, principalmente, a grande ênfase dada por Strawson ao corpo como coisa material e seu *unique role* na experiência perceptiva autorizam afirmar que Strawson endossa as posições de Hume.[23]

Em reforço dessa leitura considerem-se, a propósito, a dependência causal da experiência perceptiva do eu próprio em relação aos fatos e circunstâncias que envolvem o corpo próprio, o emprego repetitivo de expressões como *unique* e *uniqueness* associadas ao corpo próprio, o uso reiterado de *my own body* e expressões assemelhadas.[24] As mesmas considerações permitem afirmar que Strawson,

---

21. Nas palavras de Strawson: There would be no question of ascribing one's own states of consciousness, or experiences, to anything, unless one also ascribe, or were ready or able to ascribe, states of consciousness, or experiences, to other individual entities of the same logical type as that thing to which one ascribes one's own states of consciousness. The condition of reckoning oneself as a subject of such predicates is that one should also reckon others as subject of such predicates. The condition, in turn, of this being possible, is that one should be able to distinguish from one another, to pick out or identify, different subjects of such predicates, i.e. different individuals of the type concerned. The condition [...] is that the individuals concerned, including oneself, should be of a certain unique type: of a type, namely, such that to each individual of that type there must be ascribed, or ascribable, *both* states of consciousness *and* corporeal characteristics (STRAWSON, 1996, p. 104).

22. What I mean by the concept of a person is the concept of a type of entity such that *both* predicates ascribing states of consciousness *and* predicates ascribing corporeal characteristics, a physical situation &c. are equally applicable to a single individual of that single type (STRAWSON, 1996, p. 101-102).

23. [...] But [...] the facts I have been recalling do not seem to me to provide, by themselves, any answer to our questions at all. Off course, these facts explain something. They provide a good reason why a subject of experience should have a very special regard for just one body, why he should think of it as unique [...] They explain [...] why I feel peculiarly attached to what in fact I call my own body; [...]. But they do not explain why I should have the concept of *myself* at all [...]. Moreover, even if we were satisfied with some other explanation [...], yet the facts in question still do not explain why we should, as we do, ascribe certain corporeal characteristics not simply to the body standing in this special relation to the thing to which we ascribe thoughts and feelings, &c., but to the thing itself to which we ascribe those thoughts and feelings (STRAWSON, 1996, p. 93).

24. We summarize such facts by saying that for each person there is one body which occupies a certain causal position in relation to that person's perceptual experience, a causal position which in various ways is unique in relation to each of the various kinds of perceptual experience he has; and [...] that this body is also unique for him as an *object* of the various kinds of perceptual experience which he has. We also noted that this

apesar de atribuir ao corpo próprio, com base nas experiências e percepções do eu, as funções de constituir tanto a unidade quanto a identidade do que se denomina pessoa, do mesmo modo que Hume, considera não suficientemente fundamentado o uso do conceito de pessoa.[25]

A partir dessas ponderações, semelhanças e provável influência das ideias de Strawson, podem ser apontadas, por exemplo, tanto no chamado 'critério da identidade corporal' como no denominado 'animalismo' (segundo o qual a pessoa humana é um animal, isto é, é um determinado organismo humano. Ver a respeito Olson 1997a, 1997b e DeGrazia 1999a, 1999b).

Bernard Williams, crítico do Utilitarismo e avesso a grandes sistematizações em matéria ética, insiste na determinação de relações de natureza física como condições da identidade pessoal. Sua concepção acerca da identidade pessoal insere-se no quadro de teorizações designadas de complexas, aquelas que, sem recorrer à noção filosófica de substância, sustentam poder a identidade pessoal ser explicada através de continuidades físicas do corpo (inclusive cerebrais) ou de continuidades psíquicas da consciência. A distinção entre 'pessoa' e 'ser humano', ao qual pode não ser reconhecida e atribuída sempre e em qualquer circunstância a condição de pessoa, é exemplo de uma distinção relacional estabelecida em uma teoria complexa, com consequências importantes no plano ético e jurídico. Nesse grupo podem ser incluídos, entre outros, David Lewis, Sidney Shoemaker, Derek Parfit e Michael Quante. A seguir, serão apresentadas algumas teses de Williams acerca da identidade pessoal, expostas em alguns dos artigos que integram o mais citado de seus textos sobre a identidade pessoal.[26]

Os textos reunidos em *Problems of the Self* (1973) são uma reivindicação, logicamente consistente e teoricamente fundamentada, da unidade e integridade do eu próprio como identidade pessoal resultante de complexas relações entre autoconsciência, corpo próprio, memória, interação física e psíquica com os demais seres humanos. Perpassa, porém, todos esses textos o cuidado técnico e analítico de Williams em delimitar os significados e usos dos termos e expressões empregados, sem perder de vista sua complexidade, seu desenvolvimento histórico e as consequências práticas dos estados de coisa e situações enfocadas.

---

complex uniqueness of the single body appeared to be a contingent matter, or rather a cluster of contingent matters; for it seems that we can imagine many peculiar combinations of dependence and independence of aspects of our perceptual experience on facts about different bodies (STRAWSON, 1996, p. 92).

25. Briefly, the facts in question explain why a subject of experience should pick out one body from others, give it, perhaps, an honoured name and ascribe to it whatever characteristics it has; but they do not explain why the experiences should be ascribed to any subject at all; [...] So the facts in question do not explain the use that we make of the word 'I', or how any word has the use that word has. They do not explain the concept we have of a person (STRAWSON, 1996, p. 93-94).

26. O texto usado é a versão alemã, *Probleme des Selbst*, de 1978.

POSFÁCIO • PESSOA E IDENTIDADE PESSOAL **119**

Um bom exemplo desse trabalho analítico é o texto *Personenidentität und Individuation*,[27] em que Williams, ao defender a continuidade do corpo como uma condição necessária da identidade pessoal, distingue problemas de individuação, problemas de personalidade e problemas relativos à identidade. Nesse texto Williams apresenta o argumento posteriormente denominado da reduplicação e sustenta que isoladamente a identidade corporal não é condição suficiente da identidade pessoal. Para haver identidade pessoal, outros fatores, além da identidade corporal, precisam ser levados em conta, tais como traços pessoais de caráter e, principalmente, lembranças, que podem ser afetados e modificados em razão de transplantes, fissão e/ou fusão de cérebros, por exemplo. Imagine-se que, em razão de transplante de cérebro, transferência de determinados conteúdos cerebrais, migração de alma ou outro recurso qualquer, alguém (A) se perceba em um corpo (Aa) diverso daquele que considerava seu próprio corpo até então, na medida em que suas lembranças lhe asseguram tratar-se dele e não de outra pessoa. É imaginável que, pelo mesmo processo, se produza um segundo A, Ab. Aa convive agora com Ab, cada um tendo as mesmas lembranças e características pessoais. Qual dos novos Aa e Ab é idêntico ao A do passado? Seriam ambos idênticos a A? Ou nenhum seria idêntico a A? A resposta de Williams mantém a continuidade corporal como recurso para preservar a distinção entre identidade e similaridade completa, o que descarta a persistência da mesma pessoa após a morte do corpo próprio.

Em razão da complexidade de seus textos, é relevante observar que Williams trabalha com experimentos mentais, na medida em que cria experimentos hipotéticos, desenvolve alternativas de soluções e enfrenta impasses apenas imagináveis à época em que escreveu, o que exige muito de seu leitor.[28]

Um complexo experimento mental é apresentado em *Das Selbst und die Zukunft*,[29] a propósito da identidade pessoal através do tempo, em que Williams trabalha uma hipotética troca de corpos entre duas pessoas A e B, inclusive com troca de componentes cerebrais envolvendo lembranças, manifestações corporais

---

27. WILLIAMS, 1973, p. 7-36.
28. *Thought Experiment ou Gedankenexperiment* significa uma 'experimentação' imaginária ou hipotética. Baseado em fatos, ações e estados de coisa pensados como reais, o experimento mental é o equivalente do experimento empírico, só que levado a cabo mentalmente ou de modo virtual. O experimentador mental correlaciona conteúdos conceituais (*states of affairs* ou *Sachverhalte*) e opera com suas possíveis variáveis em um cenário (pressuposições, teses, princípios) controlado e consistente. Seu objetivo é análogo ao do experimentador empírico: testar hipóteses ou teorias e explicitar suas possíveis consequências e aplicações no mundo real. Nasr (1996) refere um antigo experimento mental relativo ao presente tema, o 'homem flutuante' de Avicena, elaborado para mostrar que a autoconsciência ou o 'eu próprio' independe logicamente de qualquer coisa material e que o 'ser humano' não é idêntico com o corpo, ao qual, afirmava Avicena, nos referimos quando dizemos 'eu'.
29. WILLIAMS, B. 1978, p. 78-104.

e de caráter, de modo que, após o experimento, a 'pessoa-corpo-A' acredita ser de fato a 'pessoa-corpo- B' e vice-versa. A e B são, a seguir, informadas de que, após o experimento, uma delas será recompensada com uma quantia em dinheiro e a outra será torturada. Então, A e B são solicitadas, com base no próprio interesse, a decidir que tratamento qual pessoa receberá após o experimento. A partir dessa perspectiva, assumindo-se que A e B ajam de conformidade com o próprio interesse (A quer a recompensa para si e a tortura para B e vice-versa) e supondo-se que A e B consideram efetiva a troca de corpos, nem o experimentador poderá atender a ambas as preferências e nem ambos os participantes receberão o que preferirem, possibilidade essa clara também para A e B antes do experimento. A pergunta a que Williams se propõe responder é se após o experimento, agindo o experimentador de acordo com a preferência de um dos participantes e em discordância com a preferência de outro, continua ainda valendo que um dos participantes recebe o que queria e o outro não.

Formuladas e analisadas três hipotéticas alternativas de decisões de A e B em face das variáveis em jogo, Williams considera respondida afirmativamente a questão posta. Williams, então, volta sua atenção para a disposição de A e B de participar do experimento, levando em conta as vantagens e desvantagens psicológicas por eles associadas à participação. Estados de medo e lembranças ruins de vivências anteriores são, respectivamente, situações psicológicas de que ambos esperam livrar-se caso o experimento seja bem-sucedido e a outra pessoa não tenha iguais estados mentais. A verificação dos resultados quanto ao preenchimento dessas expectativas após o experimento parece sugerir, conclui Williams, ser mais racional identificar-se com as próprias lembranças do que com o próprio corpo.

Prosseguindo com o experimento, apresentado agora de outra forma, mas aparentando tratar-se de algo completamente diverso, Williams imagina A recebendo a comunicação de alguém, sob cujo poder se encontra, de que será torturado no dia seguinte. O 'dominador' dirige-se a A, tratando-o como segunda pessoa e deixando claro ser A quem vai sofrer a tortura e passará por grandes alterações psíquicas. São, em consequência, desencadeados em A associações e pensamentos com relação ao que lhe vai acontecer no futuro. São, assim, produzidos, no presente, estados e sentimentos voltados para o futuro, tais como medo da anunciada dor física, preocupação com relação às modificações de caráter e convicções que lhe ocorrerão, temor e receio quanto às futuras perturbações mentais e previsão de decisivas modificações psíquicas. Essas alterações e os estados mentais projetivos a elas associados reportam-se às seguintes situações e intervenções a que A sabe que será submetido: (I) uma cirurgia, de que resultará atrofia de sua memória; (II) outra operação induzirá modificações no caráter de A; (III) uma

POSFÁCIO • PESSOA E IDENTIDADE PESSOAL **121**

terceira intervenção implantará em A lembranças fictícias incompatíveis com a vida de qualquer pessoa real; (IV) serão implantados em A traços de caráter e memória próprios de uma terceira pessoa real, B; (V) as informações do cérebro de B serão transferidas para o de A de tal modo que B continuará a mesma pessoa de antes; (VI) operação análoga à anterior transferirá informações cerebrais de A para B, sendo que B não permanecerá o mesmo porque será submetido a uma operação semelhante e em sentido contrário (de B para A).

Williams chama atenção para a introdução de B na situação (IV) do experimento, pelo fato de B ser o elo que aponta para uma continuidade corporal, na medida em que 'o corpo- pessoa-A' tem as características originalmente correspondentes a B. É, porém, em (V) que ao 'corpo-pessoa-A' é adicionada a pessoa B, podendo-se, a partir de então, falar em uma causalidade de B relativamente a novas lembranças e temores de A. Em face da estreita relação estabelecida entre A e B, Williams se pergunta se em (VI) A e B são idênticos.

Ao buscar responder a essa pergunta, Williams reencontra o resultado de seu primeiro experimento. A propósito da passagem de (V) para (VI), afirma Williams que seria "o próprio A, enquanto 'pessoa-corpo-B', que é trazido de volta ao jogo e, uma vez que ele reaparece nessa conformação, não seria a infeliz 'pessoa-corpo-A', mas a outra pessoa à qual as expectativas de A se referem. Trata-se basicamente de uma asseveração do ponto de vista destacado em nossa primeira apresentação do experimento. Daí resulta assegurado que A não deveria ter receios relativamente à 'pessoa-corpo-A', que apareceu na situação (V). Pois, de acordo com o presente argumento, a 'pessoa-corpo-A' em (VI) não é A; a 'pessoa- corpo-B' é A. Relativamente ao caráter, história de vida e tudo o mais, a 'pessoa-corpo-A', em (V), é exatamente a mesma 'pessoa-corpo-A' em (VI); se a última não é A, então a primeira também não é A".[30]

Analisando os resultados do experimento, Williams se declara perplexo por constatar ter chegado a conclusões opostas, embora ambas as apresentações a elas conducentes sejam convincentes. A perplexidade decorre do fato de os argumentos desenvolvidos ao longo do experimento contrariarem uma concepção geralmente aceita, segundo a qual, em questões relativas a pessoas,

---

30. Vielmehr werde hier ... A selbst als B-Körper-Person wieder ins Spiel gebracht, und da er in dieser Gestalt wiedererscheint, sei es nicht die unglückliche A-Körper-Person, sondern vielmehr diese andere Person, auf die sich die Erwartungen A's beziehen. Dies läuft im Grunde auf eine erneute Behauptung des Standpunkts hinaus, der in unserer ersten Darstellung des Versuchs hervorgehoben wurde. Daraus ergibt sich aber sicher, dass A keine Befürchtungen für die A-Körper-Person haben sollte, die in Situation (V) erschien. Denn dem jetzigen Argument zufolge ist die A-Körper-Person in (VI) nicht A; die B-Körper-Person ist A. Doch die A- Körper-Person ist in (V) im Himblick auf Charakter, Lebensgeschichte und alles andere genau dieselbe wie die A-Körper-Person in (VI); ist die letztere nicht A, so ist es auch die erstere nicht" (WILLIAMS, 1978, p. 95-96).

tanto há problemas concernentes às perspectivas da primeira e da terceira pessoa, quanto há problemas relativos às próprias relações entre essas perspectivas. Geralmente, aceita-se que problemas acerca de identidade pessoal mobilizam tanto argumentos psicológicos ou mentalistas, quanto considerações relativas à continuidade corporal.

Nas palavras de Williams: "É-se tentado a supor que essas distinções seguem um curso paralelo entre si: que uma abordagem na primeira pessoa coloca considerações mentalistas no centro da atenção, enquanto uma abordagem na terceira pessoa destaca considerações relativas à continuidade corporal. Nossa discussão mostra exatamente o oposto".[31] Com efeito, a primeira apresentação do experimento, conduzido na perspectiva da terceira pessoa, levou às conclusões mentalistas de que A e B trocaram seus corpos e de que ambos deveriam se identificar com as indicações de suas lembranças e traços de caráter. Já a segunda apresentação do experimento, em que A se mantém idêntica a si mesmo e como tal se reidentifica em etapa posterior, é desenvolvida com base na suposição de que a identidade pessoal repousa sobre a continuidade corporal e foi construída sob a perspectiva da primeira pessoa, ou seja, sobre as expectativas de A. A comparação entre as duas versões do experimento parece autorizar a conclusão de que a identidade pessoa através do tempo é melhor assegurada a partir da perspectiva da primeira pessoa do que a partir do recurso a semelhanças psicológicas.

2.3.3 Derek Parfit

Nos anos setenta, a discussão acerca da identidade pessoal ganhou novo impulso com a publicação por Parfit do artigo *Personal Identity* (1971), cujas teses foram expandidas e aprofundadas no livro *Reasons and Persons* (1984) e modificaram a abordagem anterior do problema. Parfit não foi o único a explorar e avaliar as possíveis funções e implicações das expectativas comportamentais transtemporais nas práticas sociais e na condução da vida das pessoas. Nesse contexto, além dos trabalhos precursores de David Wiggins (1967 e 1980) e de Sydnei Shoemaker (1963 e 1970), a que Parfit repetidas vezes se refere, devem ser mencionados Harry Frankfurt (1988), T. Nagel (1970), H. Noonan (1989), R. Nozick (1981, 1999) e C. Taylor (1985 e 1989), entre outros.

Não é esse o espaço para serem considerados os incontáveis enigmas sugeridos pelas situações imaginadas por Parfit e a riqueza de detalhes em que se desdobram

---

31. Man is versucht anzunehmen, diese beiden Unterscheidungen verliefen paralell zueinander: dass ein Ansatz in der ersten Person, ungefähr ausgedrückt,mentalistische Überlegungen in den Mittelpunkt der Aufmerksamkeiy ustellt, während ein Ansatz in der dritten Person Überlegungen hinsihtlich körperlicher Kontinuität hervorhebt. Unsere Erörterung veranschaulicht genau das Gegentail" (WILLIAMS, 1978, p. 102- 103).

POSFÁCIO • PESSOA E IDENTIDADE PESSOAL **123**

suas análises. No que diz respeito à identidade pessoal, Parfit defende uma concepção que denomina de 'reducionista' e que pode ser identificada já em seu artigo de 1971, quando criticou as crenças de que a identidade pessoal é perfeitamente determinada (o que embasaria a expectativa de que se possa responder a todas as questões a ela relativas) e de que aquilo que importa na persistência continuada na existência de uma pessoa é a própria identidade pessoal (caso contrário, argumenta-se, não poderiam ser respondidas questões acerca da sobrevivência pessoal, bem como acerca da memória e da responsabilidade pessoais).

Essa concepção reducionista é apoiada em novos argumentos na Parte III do livro *Reasons and Persons* e consiste em considerar que a identidade pessoal se constrói graças a permanentes relações interativas em torno de fatos que asseguram continuidade e conectividade psicológicas, quer da pessoa consigo mesma, quer entre os indivíduos humanos no espaço e no tempo. Nesse contexto, Parfit sustenta que a identidade pessoal não é uma questão de tudo ou nada, como seria caso fosse compreendida como sendo uma identidade lógica. Para Parfit, o que constitui a identidade pessoal é 'um grau variável' tanto de lembrança, por parte do agente racional humano, acerca de suas ações e experiências anteriores (*psychological continuity*), quanto de persistência de traços psicológicos próprios da pessoa através do tempo e no espaço (*psychological connectedness*). É esta variação de graus ou intensidade de continuidade e de conectividade, que pode ser tanto uma sobreposição quanto uma coincidência ou identidade, que torna a identidade pessoal indeterminada em muitos casos, com múltiplas implicações na ordem prática.

A tese, pois, de Parfit é que a continuidade e a conectividade psicológicas são o que importa na persistência ou sobrevivência da identidade pessoal, uma vez que esta é constituída por aquelas.

3. UMA INTERLOCUÇÃO NECESSÁRIA

Uma interlocução do Direito com outras áreas do conhecimento e da prática, como a empreendida por Brunello Stancioli,[32] é ainda pouco comum no Brasil, embora seja fundamental para uma ciência social aplicada, que se constrói sobre

---

32. Outras iniciativas de Brunello Stancioli nessa direção podem ser comprovadas pelos textos: Sobre os direitos da personalidade no novo código civil brasileiro (2004), Sobre a capacidade de fato da criança e do adolescente: sua gênese e desenvolvimento na família (1999), Relação Jurídica Médico-Paciente (2004), Sobre A Estrutura Argumentativa do Consentimento Informado: Revisão Sistemática, Verdade e Risco na Relação Médico-Paciente (2005), Razão Excludente e Geografia do Poder: O Sanitarismo Brasileiro no Início do Século XX (2007), O ensino do Direito como base da autonomia da pessoa humana e sua legitimação ética (2008), A Pessoa Natural e a Morte no Direito Brasileiro: Do Romantismo ao Biologismo (2009). Os dois últimos textos foram escritos em colaboração com Nara Pereira Carvalho.

os conhecimentos e as práticas ético-normativas desenvolvidas pelos humanos através dos tempos e em diferentes culturas.

Que a interlocução na tese tenha ocorrido com a Filosofia talvez se explique pelo fato de a 'pessoa' continuar sendo um importante ponto de irradiação na reflexão filosófica. Em torno da pessoa e em decorrência da concepção que se tem a seu respeito, racionalidade, autoconsciência, autonomia, posicionamento avaliativo-normativo acerca da realidade e das práticas sociais e a dinâmica de constituição e mudança de crenças e valores podem assumir relevância e conteúdos diferentes. Desnecessário afirmar que não é apenas para o Direito que derivam implicações do conceito de pessoa que se tem. Implicações nas questões éticas e sóciopolíticas são onipresentes e incontestáveis. Pense-se nas limitações que, ainda hoje, o inconsciente coletivo e os poderes politicamente instituídos pretendem impor à investigação científica. É igualmente clara a importância que o conceito de 'pessoa' desempenha nas práticas da vida em geral, especialmente na arte, na religião e suas práticas.

Pelo exposto acerca da identidade pessoal, pode-se perceber que entidades abstratas e metafísicas como essência, substância, natureza e diferenças específicas, pensadas antes como absolutamente contrastantes e empiricamente indetermináveis, estão cedendo lugar para relações identificáveis de caráter psicossocial e para graduações ou relações de grau, a propósito de pessoalidade, unidade e personalidade humanas. Nesse contexto, tolerância, respeito e reconhecimento, antes já apresentados como virtudes e de ampla aplicação nas relações jurídicas, impõem-se hoje como condições de possibilidade para se avançar na ininterrupta desconstrução e reconstrução de si mesmo, do outro, dos fins e valores, das crenças e práticas, todos elementos constitutivos do fenômeno 'vida em sociedade'.

Tolerância para com o diferente, que tanto pode ser a própria ignorância como o domínio sobre diferentes conhecimentos e práticas da vida de que dispõe o outro, mas pode ser também a inovação, que contradiz referenciais até então admitidos. Mais que responsável pela abertura, que possibilita revisão e ampliação de conhecimentos, a tolerância é o primeiro passo para o respeito. Sem esta ficam, de antemão, inviabilizados o ponto de partida do autenticamente 'outro' e qualquer reconstrução efetiva e racionalmente compartilhada.

Respeito pela integridade do outro. Reflexo talvez da competição e concorrência vividas na sociedade contemporânea, o outro, entidade pessoal ou o que ela produz em nível de conhecimento e prática, é frequentemente seccionado e deslocado para outros contextos e então desqualificado inteira ou parcialmente. O exercício do respeito pelo outro significa identificar, compreender e integrar discursivamente a alteridade da experiência ou situação de vida, que foi constitutiva do conhecimento ou do posicionamento em questão.

POSFÁCIO • PESSOA E IDENTIDADE PESSOAL 125

O reconhecimento, enquanto uma relação especificamente entre pessoas, completa o que fizeram tolerância e respeito. Com efeito, o reconhecimento tem uma dimensão imediatamente prática e nem sempre percebida explicitamente pelos envolvidos. Na medida em que correlaciona dois ou mais 'eus' e organiza as relações entre eles, o reconhecimento constitui comprometimentos e obrigações de reciprocidade. Assim, tanto igualdade quanto desigualdade contam e podem contar positivamente.

Para além das relações estritamente interpessoais envolvendo profissionais e pesquisadores, as condições antes abordadas são imprescindíveis no enfrentamento e na solução dos inúmeros e atuais problemas relativos à identidade pessoal na Bioética. Deve-se ter em vista que tais problemas e suas eventuais soluções envolvem toda a sociedade, suas crenças e práticas, podendo inclusive implicar uma revisão completa da normatividade ética e jurídica vigentes. Além dos problemas postos pela extensão ilimitada dos transplantes, podem ser mencionados os problemas relacionados com os avanços da tecnologia genética e reprodutiva, com o aborto e a eutanásia, com as intervenções físicas e genéticas disponíveis para o melhoramento do indivíduo humano, com a discussão em torno do reconhecimento de características personalizantes em alguns animais e as consequências daí deriváveis, com a identificação e definição do *status* ético e jurídico de embriões, de fetos, de recém-nascidos e crianças em geral, de pacientes em coma irreversível, de dementes, de grave e irrecuperavelmente incapacitados, entre muitos outros.

Ocupar-se da identidade pessoal, seus pressupostos e suas possíveis consequências práticas é, pois, um importante ponto de partida.

REFERÊNCIAS

AQUINAS, Thomas. *Summa Theologica*. London: Encyclopaedia Britannica, 1952. ARISTOTE-LES. *Philosophische Schriften*. Darmstadt: Wissenschaftliche Buschesellschaft, 1995, Bd. 6.

BOÉCIO. *Opuscula Sacra*. Tradução e Notas de Juvenal Savian Filho. São Paulo: Martins Fontes, 2000.

BUTLER, Joseph. *The Works of Joseph Butler*. London: Adamant Media Corporation, 2006.

DEGRAZIA, David. Identity, Killing, and the Boundaries of our Existence. *Philosophy and Public Affairs*, 31, p. 413-442, 2003.

DEGRAZIA, David. *Human Identity and Bioethics*. Cambridge: Cambridge University Press, 2005.

FERRO, Marc (Org.). *O livro negro do Colonialismo*. Rio de Janeiro: Ediouro, 2004. FRANK-FURT, H. G. *The Importance of What We Care About*: Philosophical essays. Cambridge: Cambridge University Press, 1988.

FRANKFURT, H. G. Willensfreiheit und der Begriff der Person, In: BIERI, P. (Ed.) *Analytische Philosophie des Geistes*, Königstein 1993.

FUHRMANN, M. Person: I. Von der Antike bis zum Mittelalter, *Historisches Wörterbuch der Philosophie*, Darmstadt, 1989. Bd. 7.

FUHRMANN, M. Persona, ein römischer Rollenbegriff, In: MARQUARD, O. e STIERLE, K. (Ed.). *Identität*. München, 1979.

GRÜNDER, Horst. *Eine Geschichte Der Europäischen Expansion*: Von Entdeckern und Erobern zum Kolonialismus. Darmstadt: Wissenschaftliche Buchgesellschaft, 2003.

HUME, David. *A Treatise of Human Nature*. Oxford: Clarendon Press, 1978.

KANT, I. Grundlegung zur Metaphysik der Sitten. In: Werke in Zwölf Bänden. Frankfurt am Main: Suhrkamp, 1956. Bd. VII.

KATHER, Regine. *Person*: Die Begründung menschlicher Identität. Darmstadt: Wissenschaftliche Buchgesellschaft, 2007.

LEIBNIZ, G. Wilhelm. *Neue Abhandlungen über den menschlichen Verstand*. Band I. Frankfurt am Main: Suhrkamp, 1996.

LEIBNIZ, G. Wilhelm. Metaphysische Abhandlung, *Hauptschriften zur Grundelegung der Philosophie*. Hamburg: Felix Meiner, 1966. Bd. II.

LOCKE, John. *An Essay Concerning Human Understanding*. Oxford: Oxford University Press, 1952.

MARTIN, Raymond e BARRESI, John. *Naturalization of the Soul*: Self and Personal Identity in the Eighteenth Century. London: Routledge, 2000.

MARTIN, Raymond e BARRESI, John (Ed.). *Personal Identity*. Oxford: Blackwell Publishing, 2005.

NAGEL, T. *The Possibility of Altruism*. Oxford: Clarendon Press, 1978.

NASR, Seyyed Hossein; OLIVER, Leaman. *History of Islamic Philosophy*. New York: Routledge, 1996.

NOONAN, H. *Personal Identity*. London: Routledge, 1989.

NOZICK, R. *Philosophical Explanations*. Cambridge: Harward University Press, 1981. NOZICK, R. Personale Identität in der Zeit, In: QUANTE, M. (Ed.). *Personale Identität*. Paderborn, Schöning Verlag, 1999.

OLSON, Eric. Was I Ever a Fetus? *Philosophy and Phenomenological Research*, v. LVII, n. 1, p. 95-109, 1997a.

OLSON, Eric. *The Human Animal*: Personal Identity without Psychology. Oxford: Oxford University Press, 1997b.

OLSON, Eric. An Argument for Animalism, In: MARTIN e BARRESI (Ed.). *Personal Identity*. Oxford: Blackwell Publishing, 2005.

PARFIT, Derek. Personal Identity. *The Philosophical Review* 80, p. 3-27.

POSFÁCIO • PESSOA E IDENTIDADE PESSOAL **127**

PARFIT, Derek. *Reasons and Persons*. New York: Oxford University Press, first published 1984 and reprinted with corrections 1987.

PARFIT, Derek. The Unimportance of Identity. In: MARTIN, Raymond; BARRESI, John (Ed.). *Personal Identity*. Oxford: Blackwell Publishers, 2005.

PRECHT, Richard David. *Wer bin ich und wenn ja, wie viele?* München: Goldmann Verlag, 2007.

QUANTE, Michael (Ed.). *Personale Identität*. Paderborn: Schöning Verlag, 1999. QUANTE, Michael. *Person*. Berlin: Walter de Gruyter, 2007.

REID, Thomas. *Inquiries and Essays*. Indianapoliss: Hackett Publishing Company, 1983. SHOEMAKER, Sydnei. *Self-Knowledge and Self-Identity. Ihaca*: Cornell University Press, 1963.

SHOEMAKER, Sydnei. Persons and their Pasts. *American Philosophical Quartely* 7, p. 269-285, 1970.

STANCIOLI, Brunello. Sobre a Capacidade de Fato da Criança e do Adolescente: Sua Gênese e Desenvolvimento na Família. *Revista Brasileira de Direito de Família*, Porto Alegre, v. 1, n. 2, p. 37-42, 1999.

STANCIOLI, Brunello. *Relação Jurídica Médico-Paciente*. Belo Horizonte: Del Rey, 2004.

STANCIOLI, Brunello. *Sobre os Direitos da Personalidade no Novo Código Civil Brasileiro*. Videtur (USP), Porto, v. 27, 2004.

STANCIOLI, Brunello. Sobre a Estrutura Argumentativa do Consentimento Informado: Revisão Sistemática, Verdade e Risco na Relação Médico-Paciente. In: CASABONA, Carlos Romeo; Queiroz, Juliane Fernandes (Org.). *Biotecnologia e suas Implicações Ético- Jurídicas*. Belo Horizonte: Del Rey, 2005.

STANCIOLI, Brunello. Razão Excludente e Geografia do Poder: O Sanitarismo Brasileiro no Início do Século XX. In: GUSTIN, Miracy Barbosa de Sousa; SILVEIRA, Jacqueline Passos da; AMARAL, Carolline Scofield (Org.). *História do Direito*: Novos caminhos e novas versões. Belo Horizonte: Mandamentos, 2007.

STANCIOLI, Brunello; CARVALHO, Nara Pereira. O ensino do Direito como base da autonomia da pessoa humana e sua legitimação ética. In: PEREIRA, Flávio Henrique Unes; DIAS, Maria Tereza Fonseca (Org.). *Cidadania e Inclusão Social*: Estudos em Homenagem à Professora Miracy Barbosa de Sousa Gustin. Belo Horizonte: Fórum, 2008.

STANCIOLI, Brunello; CARVALHO, Nara Pereira. A Pessoa Natural e a Morte no Direito Brasileiro: Do Romantismo ao Biologismo. *Revista IOB de Direito Civil e Processual Civil*, São Paulo, v. 57, p. 51-68, 2009.

STRAWSON, Peter. *Individuals: An Essay in Descriptive Metaphysics*. London: Routledge, 1996.

TAYLOR, C. *Human Ageny and Language. Philosophical Papers 1*. Cambridge: Cambridge University Press, 1985.

TAYLOR, C. *Sources of the Self*. The Making of the Modern Identity. Cambridge: Cambridge University Press, 1989.

WALLERSTEIN, Immanuel. *O Universalismo europeu*. São Paulo: Boitempo editorial, 2007.

WIGGINS, David. *Identity and Spatio-temporal Continuity*. Oxford: Blackwell, 1967. WIGGINS, David. *Sameness and Substance*. Cambridge: Harvard University Press, 1980. WILLIAMS, Bernard. *Probleme des Selbst*. Stuttgart: Reclam, 1978.

Anotações